CW01149314

〈大道靈學系列：第十篇〉

謙卑踏上靈性的道路

人生是靈魂修煉的道場
（處世篇）

Humbling Oneself on the Spiritual Path
— Life is a Training Ground for the Soul
(Practical Volume)

劉江坤　編著
Author：Chiang Kuen Liu

美商EHGBooks微出版公司
www.EHGBooks.com

EHG Books 公司出版
Amazon.com 總經銷
2024 年版權美國登記
未經授權不許翻印全文或部分
及翻譯為其他語言或文字
2024 年 EHGBooks 第一版

Copyright © 2024 by Chiang Kuen Liu

Manufactured in United States

Permission required for reproduction,

or translation in whole or part.

Contact: info@EHGBooks.com

ISBN-13：978-1-6658-0049-5

自序　人生是靈魂修練的道場

　　稻盛和夫在《活法》一書中說：「人類活著的意義、人生的目的到底是什麼？對於這個最根本的疑問，我仍然想直接回答，那就是提高心地，修練靈魂。」今生之物只限今世，人們即使積攢再多的錢財也不能帶到來世去。如果說今生之物中有一樣永不滅絕的東西，那不就是「靈魂」嗎？所以，當有人問：「人為什麼來到這個世上」時，我毫不猶豫地、毫不誇耀地回答：「是為了比出生時有一點點的進步，或者說是為了帶著更美一點、更崇高一點的靈魂死去。」

　　人生在世，直到終要咽氣的那一天為止，都是在體驗各種各樣的苦和樂，在被幸運與不幸的浪潮沖刷中，不屈不饒地努力活著。把這個過程本身當作「去污粉」，不斷提高自己的人性，修練靈魂，帶著比初到人世時有更高層次的靈魂離開這個世界。我認為人生的目的除此以外別無他求；所謂今生，是一個為了提高「身心修養」而得到的期限，是為了「修練靈魂」而得到的場所。我認為可以這樣說：人類活著的意義和人生價值就是提高身心修養，磨練靈魂。

　　現今有了「大道靈性學術」的降世，闡明了靈魂光的真理實相。數億萬年前生成的靈魂光寄託在天界磁場，靈魂的能量是不大會增加。靈魂能量成長的捷徑就是投胎轉世到星球上，靈性能

量可以在動物體的先天氣道之中循環而可以增加其能量，人們的睡眠功能就是一個恢復能量和補充能量的自然機制。所以，足夠時間的睡眠和修心養性是增加靈性能量最佳的方式。現今有了大道靈性模式的修練，更以此修養心性的功法在降意識狀態之下啟動靈性能量流動而進行修練，也可以不在睡覺的時候也可以進行能量真氣的循環。

靈性能量為什麼要修練？由於靈魂光的能量是尚未成熟(300-1100萬靈魂光能量度)，於是人的一生過程就成了靈魂欲成熟(>1200萬度)目標的修練道場。經由投胎為人，成熟就是恢復靈光本來的真面目，經歷人生的修練就是要如何去提升靈魂的「能量」和「境界」，但一般人的能量只有降多升少。睡眠時腦覺魂意識氣停止，靈魂能量真氣才能由主魂經中氣脈到達頭頂靈台，感應靈魂能量的真氣在全身氣道循。大道靈性模式的修練，是在降意識之下啟動三到七分的靈魂真氣來流動循環，也可以淨化和增加能量。

大道靈性學術不是宗教，宗教是在勸善且各有其教義和道門。大道靈學不必出家，不必茹素、打坐、念經、禱告等，而是自然的修心養性，尤其是善養靈性的能量和境界。修行是在生活的點點滴滴，靈性修行是直指與靈性的連結，而頭腦意識著重德行規矩，是為所有修行的基礎。靈性無意識修練著重道行自然，必須先開啟靈性能量的流動。欲進入大道研修的基本條件就是善

人孝子與意識自然之人。沒有偏私邪惡的心性，沒有執著的自然，而人的意識自然卻是映照自靈性的道法自然，道就是自然。

大道靈性學術的真理和其實相觀念，如何將靈性修練模式的觀點實踐在生活上？我們不是宗教，不是靈界修行而是修心養性，修心和養性都是在生活和生命上。大道靈學研修不在進入的時間長短，而是體悟與進步了多少？心性是靈性的指代，心性的自然就是修道，道心不足則容易退轉，不夠謙卑就沒能踏上靈性的大道；靈學真理乃是闡明了：通往靈性成就的大道，靈魂生命的終極意義，恢復靈光本來真面目，萬教歸宗與世界大同。

為什麼稱之為處世篇呢？因為靈性不是只有修，而是存在可行的做中體會，將靈魂真理的理念實踐在生活上，即所謂靈性模式的生活；意識界的最高階六百五十萬靈魂光的境界，是用頭腦意識去修。然而七百萬靈魂光能量度以上稱為先天界(觀音界)，有能力可以用(靈性)能量真氣的能力去感應。九百萬靈光能量度稱為佛界入門，要進入佛界不只是修，還要能夠實踐和做出來，做了才有體會，靈性才會增長。

謙卑踏上靈性的道路，既然體會到這條真道就是靈性成長和可以平心靜氣返靈源的道路，於是潛心進入靈魂真氣的修習，可是許多人的信心、決心在一段時日之後退轉了，因而選擇離開，於是又容易回復到以頭腦意識氣來主導其人生，這其實就是並沒有進入靈性模式的生活改變。踏上靈性的道路了為什麼還會退轉

呢？那就是對大道不夠謙卑，對研修過程的人事物不夠謙卑。雖然入會了但卻未真實的踏上靈性的道路。

謙卑是踏上靈性道路上的首要必備，所謂的進靈性之門必先登謙卑之梯。謙卑就是免於驕傲和自大，人要改變自我和執著的累世習性，才能朝著無我合自然的靈性前進。一些靈性修行者，在其離開了團隊之後，暮然回首自己的經歷，我入道了嗎？我為什麼停滯了沒有進步？我的初心怎麼不見了？我為什麼退轉了？

總結一句話就是不夠謙卑。不管你修習什麼「道」，必有其進入道門的門檻。道是什麼？是宇宙運行的自然法則，講的是內在靈性的心法，是與內在的連結，但很多人卻只注重在術法。所以，欲進入靈性之門，就必須回歸心性自然，首先就是你謙卑了嗎？

前言

　　這是一本如何以靈性處世的書。為什麼謙卑才能進入道之門？如何學會布施給予且切勿欠世人，有錢人真的修行難嗎？志業大願力去做就是修行嗎？意象扭曲的世界就如從金魚缸裡看世界嗎？什麼是真實的我假我和他神？什麼是真實的快樂和靈性自然？個人智慧的選擇如何影響了自己的命運？什麼是輪迴轉世與業力法則？膜拜神佛和禱告真主的真相是什麼？如何突破業力惜修緣？如何到達神人的生活？如何恢復靈光本來真面目？靈魂生命的終極意義是什麼？萬教歸宗大道靈學真理是宗源嗎？

　　靈修必須是與主魂靈性的連結，是先天精神靈魂光的修練，從生活上、生存上、生命上來體驗心性和意識的自然。當人道走完走天道，大道就是踏上天道之路，但是要先經有修心養性的人道的完成。這條大道的修練是經生活化體驗，以「心性自然」貫穿了整個生命的過程。成為一個有良知的人，具有開放自由的心，行為才能夠放下自在，表現自自然然的。

　　大道靈性學術闡明了靈魂光的真理實相，使人們清楚了人的生死，無形的鬼神和宇宙天地的實相。大道靈性學術是以修心養性的「心性」為整個靈性修練的磐石。生死即涅槃，是在人活著的時候到達生命圓滿的境界，雖然說死亡是人生必經的一大慶

典，也是生命圓滿的句點；以傅偉勳教授提出的「心性本位」的現代生死學而言，他透過對大乘佛學的研究，主張應該早日培養具有日常實踐意義的生死智慧，藉以建立實存的本然性態度來面對死亡。其實，死亡是在生的整個過程的生命實踐，是在生的時候，是生命句點之前的敘述內涵，是在創造靈性的昇華和超生。

不管天上的神是為了什麼來到人間，祂來到人間的目的，都是為了渡化人，希望人能行善助人，虔心修行，死後靈魂能再回到天界。可是一直存在的輪迴轉世，而從沒有確切的答案，也是生命最根本的問題，那就是人為什麼會來到地球上出生為人？以頭腦意識而言，出生為人各有每個人生命意義的選擇，也可以在其轉世輪迴的紀錄之中，找到蛛絲馬跡。但真理實相應該是在那個無意識的靈魂光本身，是一個未成熟的靈魂光，投胎則成為靈魂光自然成長的唯一道路了，因為靈魂光的能量度依生成的先後而有成熟與未成熟之分。同樣的問題，外星人為什麼要投胎其星球？同樣的答案，答案也是在其靈魂光想要成熟。

大道靈學闡明了靈魂的真理實相，探究了生命的生死，鬼神和宇宙天地，在第三眼的透視能力之下，所有的迷思都可以一掃而空；本書是以靈性處世來體會那靈性能量流動的品質。如何去體會自身的靈性生命？如何進入靈性修行之門？依生活和靈修上分五個主題：

一、如何進入靈性修行之門？內涵有：謙卑、布施、給與、慈悲、難買早知道、外來靈體、修心養性、心腦定靜、修行不難、大願力。

二、意識的扭曲和靈性的真實：內涵有意象扭曲、實相非相、外星人、真實的我、理性的我、我的光譜、真實快樂、靈性自然。

三、命運因果和輪迴業力：內涵有命運因果、輪迴轉世、業力法則、惜修緣、獨處、性孤獨、神人、人生境界。

四、膜拜禱告與面對死亡：膜拜神佛、禱告真主、面對死亡、葬儀、超度自度、天堂地獄。

五、大道靈性學術的成就：內涵有大道、道之門、成道、修就是做、大道之光、生命意義、終極目標、靈學福音、本來真面目、光的修練、宗教勸世、萬法歸宗、道歸於一、世界大同。

目錄

自序　人生是靈魂修練的道場 I

前言 V

目錄 IX

一、謙卑踏上靈性之道路 1

什麼是「謙卑」? 1

如何成為一個謙卑的人? 2

謙卑之道 3

謙卑踏上靈性之道路 4

二、布施給予切勿欠世人 9

星雲大師說布施 10

給予與給與 13

同工義工和志願工作者 15

慈悲要對自己的生命做一件事 17

三、有錢但卻難買早知道 19

有錢難買早知道 19

外來靈體影響了人生命運 21

唯物主義者的處世心性 23

修心養性與心腦定靜 25

四、富貴之人修行難不難 31

修行不難 33

　　修行與重生 34

　　真道可以使人今世重生 36

　　佛說富貴學道難? 38

五、志業大願力即是修行 41

　　（一）傳教士—馬偕 41

　　（二）樹王—賴倍元 46

　　（三）藝術的追求—朱銘 47

　　（四）人心的事業—稻盛和夫 49

六、從金魚缸裡看外世界 55

　　意象扭曲的世界 55

　　實相非相與概念繆誤 57

　　概念的曲解和謬誤 59

　　從地球看外星人? 60

　　有沒有外星人的存在? 61

七、真實的我假我和他神 65

　　真實和理智的我 65

　　自我執著和貢高的我 66

　　非理智假我和他神 67

　　我的光譜 71

八、真實快樂與靈性自然 73

　　真實的快樂 73

靈性真實的快樂...75
　　靈性的自然和無意識...77
　　光的修練才能自然「去做就是」...................................79

九、個人智慧與命運因果...85

　　命運與因果論...85
　　命運非天定...88
　　智慧的選擇...91
　　內外因果的無形干擾而影響命運...................................92

十、輪迴轉世與業力法則...95

　　西方學界對「輪迴轉世」的研究...................................95
　　大道靈學真理的「輪迴轉世」.......................................98
　　出脫輪迴的業力法則...101
　　修心養性主導著靈魂能量高低的輪迴.........................106

十一、如何突破業力惜修緣？.....................................111

　　有「因果業力」的存在嗎?..111
　　覺魂模式就是人格「業力系統」.................................115
　　以靈魂真氣突破腦意識氣...117

十二、何謂情淡緣薄性孤獨？.....................................125

　　為什麼有的人不渴求朋友或表現人情淡薄?...............125
　　孤獨和獨處有什麼不同?..126
　　前世修行過的人，為什麼今生六親緣薄？.................129
　　無意識靈魂卻有累世習性和磁場之特性.....................131

十三、如何到達「神人」的生活？ **135**

「神人」的不同譯義 135

神人與「道」合真 136

孔莊談人生境界 143

大道靈性學術的「神人」 146

十四、膜拜神佛與禱告真主 **149**

膜拜神佛的真相 149

禱告真主 154

靈學的上帝、阿拉、無極至尊屬同一位格 156

宇宙是上帝創造的嗎? 159

十五、如何面對死亡和葬儀？ **163**

人死亡三魂七魄的消散 165

中陰身的經驗 167

守護家族的神靈 168

土葬或火葬的差異 170

靈性學術的觀點 170

十六、超渡自度與天堂地獄 **173**

他度與自度 173

一般的超度只是精神寄託 173

現代的超度 175

超渡的實相 177

天眼靈力者的超度實相 179

大量的超渡..181
　　天堂與地獄..183
　　靈學之之天堂與地獄....................................187
　　來自善惡的天堂與地獄................................187
　　靈學的天堂與地獄..188
　　天堂與地獄自在人心....................................189

十七、通往靈性成就的大道已降世..............**193**

　　大道與道之門..195
　　靈性從悟道修道成道才能行道........................200
　　成道不是修出來的而是做出來的....................202
　　大道之光的成就..206

十八、靈魂生命的終極意義..........................**209**

　　生命的意義與最高境界................................209
　　靈性修行最終極目標....................................212
　　生死終極意義的探索....................................220

十九、恢復靈魂光本來真面目......................**225**

　　人為什麼會來到地球上？............................225
　　什麼是靈魂光本來真面目？........................228
　　人身體是靈魂光的成長和修練的載體............229
　　道的恢復靈魂光本來真面目........................230
　　光的修練與境界的展現................................235

二十、萬教歸宗與世界大同..........................**241**

溯源各宗教「勸世」的教義與人心 241

各宗教的「上帝」其實都同一個位格屬性 244

萬法歸道、道歸於一 246

靈性學術世界大同之境界 247

大道屬於全人類的 255

參考書目 **259**

作者簡介 **261**

一、謙卑踏上靈性之道路

　　謙卑是踏上靈性道路上的首要條件，所謂的進靈性之門必先登謙卑之梯。有一些靈性修行者，在其離開了團隊之後，暮然回首自己的經歷，我入道了嗎？我為什麼停滯了沒有進步？我的初心怎麼不見了？我為什麼退轉了？總結一句話就是不夠謙卑。不管你修習什麼「道」，必有其進入道門的門檻。道是什麼？是宇宙運行的自然法則，講的是內在靈性的心法，是與內在的連結，但很多人卻只注重在術法。所以，欲進入靈性之門，就必須回歸心性自然，首先就是你謙卑了嗎？

什麼是「謙卑」？

　　韋氏辭典（Merriam-Webster）將「謙卑」定義為：「免於驕傲或傲慢」。西方講謙卑的概念是指一個人，以一種降低或卑微自己的方式，處在一個很低的地位。當我們要理解謙卑最好的方法，就是試圖能通過上帝的眼睛看到我們自己，而不是我們怎樣看自己。 西方把「謙卑」描述為溫柔、卑微和不自我，翻譯為謙卑的希臘語字面意思是存心謙卑，所以我們看到謙卑是一種內心的態度，而不僅僅是一種外在的行為。一個人可以包裝出一副謙卑的樣子，但仍然存有一顆充滿驕傲和傲慢的心。西方箴言，神應許要賜恩給謙卑的人，卻抵擋著驕傲的人。(箴言 3:34; 彼

1

得前書 5:5)因此，謙卑是進入教團的先決條件。

　　我們每個人都具有著隱藏的驕傲，要能真正地悔改或除去驕傲，實在不容易，然而只要我們認為自己謙卑，其實那就不是真謙卑。或許你聽過這則故事，曾經有位教友被他的教團評為最謙卑的人，於是教團頒給了他一枚謙卑小徽章，然而他在第二個星期天欣喜的戴上了這枚徽章與會，結果教團卻又把它收回去，因為他驕傲了，謙卑不見了。所以我們常常會困惑著，謙卑到底是不是就像這樣子？

如何成為一個謙卑的人？

　　一個謙卑的人能成功、能被接納，是因為他能虛心聽取並接受不同的意見；謙卑對一個人很重要，在工作團隊中也一樣，凡事要成功，就要先能謙卑、能像納百川的海、能像成熟稻穗一樣，愈是結實纍纍，腰是彎得愈低，所以愈是成功的人和他的團隊成員也愈能懂得謙卑。

　　《易經》說到：「謙謙君子，卑自牧。」此意是指道德高尚的人，多以謙卑的態度修養自己，以及保有謙卑的特質和心態。凡事不以自己為優先，反而先考慮他人的立場，能懂得設身處地為他人著想的人，也當然一直保持進取的精神。因此，可以確認存有謙卑的態度，能使人保持進取精神。

易經亦云：「謙卑是指人因為虛心，所以能進入對方的心而被接納。」凡懂得真愛的人，必定是懂得謙卑，通常是不求回饋的付出，無私地奉獻，此種真正的愛也因為有謙卑的特質，才能放棄自己的私慾，往往於服務人群中忘掉了自己，而在忘掉自己的那一刻，驕傲自然就慢慢退去而消失。

　　再談及愛與驕傲這詞，一個人若對待他人沒有愛，是無法謙卑的，因為愛是無私的、沒有驕傲，處事謙虛、溫柔、忍耐，皆以愛心互相寬容；當一個人保有了謙卑又存有感恩之心，也就能看到這類最謙卑的人隨時隨地沒有怨言的為他人服務著；有句話「痛苦教導我們謙卑」，謙卑，通常都在自身經歷過傷痛後而得來，不論是身體上、情緒上還是靈性上的痛苦，老實說沒有人能夠倖免於這塵世生命中，可以不經歷著磨難。

謙卑之道

　　星雲大師說，人與人相處，最重要的就是要有謙卑的風度。一棵成熟的稻穗，頭必定垂得很低；一個成熟的人，待人處事必定是謙卑的。西洋哲學家講：「宇宙有多高？宇宙只有五尺高！」那麼六尺之軀的人類要在宇宙中生存，我們的頭是否要彎得低一點，生活才會更順遂，因此，我們做人要懂得謙卑。

　　關於「謙卑之道」，有四點：第一、向尊長「謙恭」是本分：每一個人都有父母、師長、尊親、長輩，對於我們的尊長，當

然要對他恭敬、謙虛，如孔子言之：「有酒食，先生饌；有事，弟子服其勞。」孝順父母，對長輩謙恭，這是做人的本分，也是天經地義的道理。第二、向朋友「謙虛」是和善：我們對待同學、同事、朋友，態度要謙虛，要尊重他、抬高他，這是表示和善。願意對朋友謙虛的人，自然會得人緣，別人自然容易接受他。

　　第三、向晚輩「謙遜」是高尚：在對待自己的晚輩，如子姪、學生、部屬，在他們前面不必傲慢，不必自高自大，能夠謙遜點不但不表示你的地位低，或身價差，反而更顯出你人格高尚，也更能得到別人的尊重。第四、向陌生人「謙和」是安全：平常我們會遇到較不熟悉，或初次相見的人。不管是為了事業，或因為別人的介紹，不管是有緣者或偶然相遇的人，如果你對陌生的人謙虛、和善一點，這是安全之道。因為對方的背景你並不清楚，萬一是位長官，你對他傲慢，事後的結果可想而知，必然是會吃虧的！所以在陌生人面前謙遜，才能安全無患；有句話：「萬事成於謙虛，敗於驕矜」，就是告訴我們做人要懂得虛懷，就像要如大地之謙卑，才能承載萬物，成就萬事。

謙卑踏上靈性之道路

　　什麼是靈性？靈性就是人的精神生命，就是靈魂的本質、本性。然而自然是其本質，良知是其本性,靈魂在天界磁場是以「光」的形態存在，稱之為「靈魂光」，在人體之內是以「氣」的形態

存在，稱之為「靈魂真氣」。光就是能量，真氣就是靈性能力展現的原力。一般人對「靈性」展現的定義可以包括三方面：（1）服務他人（2）自我和他人的關係（3）神與自己的關係。表達「靈性」經驗的字詞有：體驗、感應、神聖、生命、信仰、愛、平靜、信心、清醒、真理、耶穌。魯道夫‧史丹勒博士 Dr. Rudolf Steiner 在《靈性科學入門》一書中認為，靈性是超越物質，是人們的心與宇宙的關係，靈性是靈魂的真理之一，但無法經由知性去認知。人類對於靈性問題，就好像地球的臭氧層破洞般那麼遙遠，非常重要但不急迫。

大道靈性學術闡明了「靈性」就是良知、良能、智慧，在靈性能量「靈魂真氣」流動之中展現其品質，也是生命一切精神的根源。靈性本能暗藏著人體的玄機奧秘—「感應能力」，靈性不是以意識或知識可以到達的，而其境界是語言無法描述清楚的；當我們處在心腦定靜、降意識放鬆之下就能使靈性能量啟動三分而自然的在先天氣道循環，然而，什麼是無法言喻的「靈性」所展現的品質呢？其包含了正面思考、愛、真理、慈悲、

尊重、謙卑、不佔有、無私、利他、天下為公、博愛、無計較、無我、無爭、無為、無目的、無條件、無意識、活在當下、自由、自在、自然、不抱怨、不批評、不指責、真誠、天真、成熟、影響力。

靈學的「心性」代表「靈性的狀態」，這靈魂的本質、本性、

都無法以語言文字來完整描述其境地,而是以心角數的「心性」來代表此人靈性的狀態,心性沒有好壞與高低之評斷,那是意識的認知,而是在於你面對人事的心態「自然」或是「不自然」。人們頭腦自以為是、刻意的腦覺魂,常常是不自然的。然而,如何使自己的腦覺魂向主魂的「自然」臣服呢?這就是靈性與頭腦的「天人合一」了,於是可以體會到,所有的良善卻都在靜、誠敬、自然淡泊、虛靜的心靈、悟道、宇宙心(即吾心)的境地裡。

您心性自然了嗎?領悟自然在無意、無中、無求之中,倘佯自然在顯隱生長、天籟自發、平等大同的「靈性」裡。所指「無意」,就是沒有偏見,而智慧是道,心是自由且開放的自然無意狀態。而「無中」,就是中節提升,謂之自然、自由不固守在一個點之上,(也就是說沒有執著中間固定的一個點)。而「無求」,就是不就利、不違害、不喜求、不緣道,然而道也無法遵循,不緣道(依賴道) 就是自然; 所以,「自然」是一個過程而不在其結果,過程之中就是從無到有,讓心自由、不執著,不刻意、不排斥,心腦定靜不為境轉。

您意識自然了嗎?當你不計較利害得失、沒有目的與條件,即是「沒計較」。坦然去接受任何後果、沒有怪罪與拒絕,即是「沒怪罪」。凡事順應去面對遭遇、沒有情緒與排斥,即為「沒情緒」。做好自己 份內之事、沒執意使其自然生長,即是「沒排斥」。能讓心自由、心性自然「不制約」、讓行為自在、意識自然

「不刻意」。放下情魄「不妄想」。謙卑寬容「不偏私」、心正無非「不邪惡」。

　　許衡山明師說：「要以謙卑來抵制自大」，因為面對無形事物要承認自己是無知的，頭腦的自以為是虛幻自大並非實相。常常使用頭腦或意識直覺反應的，以為自己什麼都知道了，於是原本隱藏在深處的驕傲心就會跳出來，影響到人與人相處；當一個人學會了「謙卑」才能有「感恩」，因為是集萬眾之力，才有自己今天的存在和擁有。有感恩心的人，才能「分享」和付出時間來關心他人；尤其在靈性的成長這方面，能分享的人，才有「給予」的能量，在沒有動機的熱情、沒有目的的活力之下，靈性的「慈悲心」自然展現出來。一樣的道理，欲進入靈修，首先就是要去除自己內在的自大與驕傲，不只是表面上的謙卑，更要覺知累世習性的自我和執著，進而才能達到靈性的無我和心性自然。

　　許衡山明師又說：「道心不足乃私心放大，具全然的道心才不會退轉。」驕傲自大突顯了私心的我，在靈性的世界裡沒有我(無我)，也就是沒有自我的執著。然而欲進入「大道」修習的首要條件是：善人孝子和意識自然之人。所指善人孝子，乃沒有偏私邪惡，百善孝為先。而意識自然來自於靈性、能量的修練而使得自然境界提升；所以，欲登靈性之梯先通過謙卑之門，而欲進入「大道靈性修練」首先也要通過「謙卑之門」，以全然的道心才能夠進入並且不退轉。

謙卑踏上靈性的道路──人生是靈魂修煉的道場（處世篇）

二、布施給予切勿欠世人

　　以靈性學術而言，布施沒有功德也沒有業障，只是回饋人們從我要到我給，從私我成長到大我的能量；「助人」本身就是慈善的展現，靈媒、乩童不能以神靈通的能力來斂財或聚財；同工、義工、志願工作者不忘服務眾生的初衷，當其感覺慈善疲乏時，就是工作的能力不夠，靈性的能量尚未成長進階。所以，布施沒有功德只是自己靈性成長的機緣，給予沒有對價只是自己更清白富有，傳法傳道無求以對切勿欠世人；在「接傳者」陳玉霞女士(上天老師)和大道「悟創者」許衡山先生(靈學明師)的身上，我們看到了「神仙聖佛」要做事也必須投胎為人。當然，祂們都是「成熟」的靈魂光，而且負有「降道」的任命。我們每個人的靈魂光都是寄託在「神仙聖佛」的天界磁場，由於是「未成熟」的靈魂光，所以投胎為人尋求「大道」機緣，因而可以成熟；天有天道，其「道」無法用人的思考和知識到達，有關「上天老師」和「靈學明師」，是上天高位階所投胎為人的行為楷模，是足以讓人們效法和崇敬的，可以感受到這神人所展現靈性的良善和自然。

　　許衡山先生說：「一個人清清白白的來到這個世界，也要清清白白的走。」以能給來代替我要，最好不要欠他人。所以，「傳道」不必大講堂，巧立名目的捐獻，又有功德說，可以除業障，這些都是在「欠」世人；一切都是機緣，不必強度，救不到的

或做了無法痊癒的,都是自然和機緣。然而,「真道」就是要做得出去,而不是在追求神通而擁有此能力而已。

陳玉霞女士說:「修心養性到位了自然有神通」、「人怎麼做天就怎麼算」,修行要勵行簡樸,勿為財物所卡,而是要回到初心。「上天老師」傳道為人服務日夜不懈、無辭辛勞弟子及登門求助者不問達官貴人、販夫走卒一視同仁;她說正法靈修最重要一點,絕對不讓你亂掏錢,也絕對不巧立名目斂財,或者強制性的向你收費。她關懷人,每當來到寺廟內瞻拜的信眾學生,如接近用餐膳時刻老師必定要求眾善信們吃完餐膳後方得下山離開。

「布施」的意義,是給人、助人、解人困厄,並不在於布施財物的多寡,或者要將全部的財產奉獻出來,而是隨喜隨力,在不自苦、不自惱的情況下,量力而為,以真心、誠心來供養布施,能夠不望回報,不要人感謝,這樣的布施才是殊勝圓滿的功德。

星雲大師說布施

在佛教裡,「六度」是人生度脫煩惱、成就佛道所實踐的六種行法門,透過六度的修行,不只發心度人,自己也能因而得度,所以六度是「自度度他,自利利人」的一種修行。從自度到樂意度人,自他得度是一體兩面的。或許有人會問:自己都還沒有成佛、解脫,怎麼有能力去度人?其實,未成佛道先度人是菩薩發

心，菩薩在發心度人的過程中圓滿成就自己的佛道；因此，先度人，累積福德資糧，最後自己當然也就得度了。

所謂「六度」即：布施、持戒、忍辱、精進、禪定、般若。但一般人對於六度未能真正了解，只從膚淺的表面來認識，總以為佛教只是單單叫人要布施喜捨，要持戒自律，要忍辱負重，要精進不息，要枯坐入定而已；這樣的說詞往往不能契合眾生的根機，因此讓人對佛教產生誤解。其實，「六度」還有更深廣、更積極的意義，以下是我以「布施」為例，對於佛法真義所做的說明。

所謂「布施」，有財布施、法布施、無畏布施，但現在的人常常把布施局限在金錢的施捨上，其實佛教對布施不是那麼狹隘的見解。從廣義來說，布施不光只是給錢，有錢出錢，這是初等的；比金錢布施再高一點的是出力，我願意布施時間、勞力、專業的技能或智慧，到寺院做義工。再者，就算沒錢，也沒有時間做義工，沒關係，可以說好話，把善美之舉的好人好事散播開來，這是說好話的布施。如果，你不擅言詞，那也不要緊，別人在布施、說好話、做好事，你能存好心，心生歡喜，功德是一樣的。

法布施呢？如果有人不明白道理，就布施佛法、道理給他，給他知識、教他技術，如此不但能改善他人的生活，還能開發他人的智慧，利益更多的人。不過，錢財布施，大部分人都能接受；而發心傳播佛法、道理給人，卻不見得每個人都能做到，或願意

接受。

　　無畏布施，就是讓他人不要恐懼、掛礙。例如，遇到有人被欺負了，你主動向前，沒關係，有我在，我來幫助你！仗義而為，讓他不感到害怕,就是無畏布施。假定我問：布施究竟是給人呢？還是給自己？布施看起來是給人，實際上真正受益的是自己。這就如同將種子播種到田裡，將來收成的當然是自己。布施又如佛經裡一個比喻，一顆尼拘陀樹的種子種在土裡，長大後結出萬千的果實，所以布施有種一收十，種十收百的利益。

　　布施也像深井汲水，你愈捨得提起桶水，給人灌溉，給人飲用，井裡的水就愈是源源不斷。這就是所謂「捨得、捨得」，能捨才能得，從布施中能捨去內心的慳貪，廣結善因好緣，自然能獲得無限的法喜和自在。人生不要只看到黃金白銀，比黃金白銀更寶貴的還有布施溫暖、與人結緣的感動。布施不全然以金錢為主，我們說好話讚歎他人，心存慈悲、隨喜隨緣的給人一個點頭、一個小小招呼、一個隨手幫忙，你能把歡喜布施給人，這就是結緣，這些人間的溫暖、美好，意義遠勝過金錢的布施。

　　星雲大師說：在人間生存，無法離群索居，因為世間一切都要靠因緣和合才能成就，離開人群就沒有因緣，所以人間佛教以人為本，要重視他人的存在、需要、苦樂、安危等。太虛大師曾說：「人成即佛成，是名真現實。」人道圓滿，佛道必能慢慢成就。以人為本、以眾為我的修行，也就是我一貫主張的四給之佛

法意涵——給人信心、給人歡喜、給人希望、給人方便。

給予與給與

「給予」意思是給、贈送，使別人得到，也作給與，而「給與」是供給事物的意思。所以，給予是給予幫助，給予同情，給予親切的關懷，範圍比給與大。然而，一般人認為富有的人才能給，才有手心向下的能力。其實，給的能力是自己充滿了精神上的能量，適時一句屬靈的話也是給，也是慈悲心的關懷展現，並且帶給自己慈悲心的增值。

「一個人清清白白的來到這個世界，也要清清白白的走。以能給來代替我要，最好不要欠他人。」沒有錯，人是空手來到人世間，即使擁有了家財萬貫，在人死後也是空手而回，所謂的生不帶來，死不帶去。精神的靈魂不死，物質的身軀最終是要毀壞的，能夠帶走的是修心養性而得到靈魂能量和境界的增長，靈性是無爭、大同、慈悲的，然而去做才能增長。生命的磨礪過程就是在使自己的靈魂光自然成長，也在幫助他人的靈魂光成長。

「傳道者巧立名目的捐獻，又有功德說，可以除業障，這些都是在欠世人。」若以製造業障的恐懼，然後要求功德捐獻來求得內心的庇護和平安，這就是一種斂財。以靈性學術而言，沒有業障，只有自作業障來障礙自己的靈性成長。沒有功德，良知不是為了什麼目的或條件才去做，靈性是自然的去做且做了放下。

所以業障和功德說都是頭腦意識的認知，相同的道理：天堂和地獄，天使和神靈，輪迴轉世和修來世，都成了宗教的意識 (意識氣) 修行，這與靈性無意識(靈魂真氣)的修行是完全不同的。

意識修行會有什麼結果呢？欠世人會有什麼結果呢？為什麼說：「修錯不如不修」？宗教往往自認為是神靈的代言人，可是靈性和神佛的境界不易言傳，於是流於頭腦意識的想當然爾，並且是藉神靈的力量來傳道。由於現代人以意識引導，往往修的是不純的意識氣，會夾雜了外靈雜氣，於是靈性的良知和智慧不見了，容易產生偏私邪惡的不自然行為。布施法以不純的意識修練來引導人們，有些大師的來世則是轉生為畜生，因為他教錯了而斷了眾生的慧命，而轉生為畜生則是上天的慈悲，不讓其連續一錯再錯。所以，今世有「真道」的降世了，要以生命真義的「靈學」真理實相來引導人們。

為什麼有些「靈媒」幫助他人卻不收錢的？為什麼「乩童」服務神明的傳譯工作也是沒有價目的？是的，靈媒、乩童的靈力是來自「他神」的賜予，他們是以神靈通的能力來幫助人們，以聞聲救苦解除人們的疑難和雜症。靈媒還可以遠距治療，乩童還可以開出藥方治病，但他們只是神靈與人們溝通的通道而已。「助人」本身就是慈善的展現，不能以神靈通的能力來斂財或聚財。那就會如有些宗教的除業障、做功德，將傳道變成有價目的。

同工義工和志願工作者

基督教有服侍工作,這「同工」為教會做事情。佛教也有為寺廟做事情的在家眾「義工」。既然都是志願工作者,是因為有願力或發心為主耶穌或佛祖奉獻而做事,在有錢出錢有力出力的情況之下為團體來進行各種活動,當然也會獲得個人的靈性成長。各種機構和福利團體也充滿著服務「志工」們,他們只在助人為樂和榮耀團體,並不是為了金錢或名份。

做慈善事業的非營利組織,目的不是在賺錢,所以,有了一群的社福從業人員,他們都具一顆天使心,願意付出慈善服務給弱勢團體,而不計較人往高處走的高薪。另外到較貧困地區或國家的醫療團隊,發揮大醫王的精神,不分種族國界的醫療救援工作。救人、助人的慈悲心在其內在呼喊著,始終不忘服務他人的初衷。「慈濟宗」所勵行的是去做就是,沒有只是傳教而是將服務的精神傳下去,到了世界各地組織服務及救難團隊,教會當地人要學會付出,發放救濟金給貧困的人,卻要其帶回儲錢筒,開始學會付出,集合大家的愛心就能夠辦事,救難隊則以工代賑讓居民們自己動手救自己家園。所以,能給自救的小草種子,就可以佈滿綠色的世界。

志願工作者為什麼會有慈善疲乏呢?主事者將其當勞工使喚或嘴說志工很好用,其工作時不受到尊重,組織工作人員沒有

依法照顧志工，有薪工作人員下班走人將工作留給志工，志工沒有自我實現的滿足，或服務助人而自己沒有得到靈性的成長，以上是一般人頭腦意識所謂的應該和不應該。然而，志願工作者自己的願力、能力、熱忱、愛心不夠之外，退轉者即是靈性能量和境界的體會未達，良知和智慧的開啟尚未自然。

以靈性學術而言，幫助他人靈性成長是使自己的靈性成長的快速捷徑。因為靈性的本然就是大愛，修心養性是所有修練的基礎，經由靈性模式的修練使靈魂能量的增長，依能量度的磁場就可以啟發出其特性。比如七百萬靈魂光能量度以上就是觀音界，八百萬靈魂光能量度以上就是菩薩界，慈悲喜捨就是其特性。他們從內在出發助人，沒有計較，沒有爭功，沒有目的，沒有等待條件成熟才去做，而且能夠做了就放下的無為。所以，去做就是而能夠到達那個境界，自己的靈性能量也就達到慈悲喜捨的境界了。

靈性能量六百五十萬靈魂光能量度就是意識界的最高階，在這之前修意識氣是必然的，但要修到純淨的意識氣。超過此能量位階，「做」比「修」要有效得多了。以靈性學術的觀點，志願工作者的境界到靈性的那個位階，由其行為與心態的展現可以了然於心。所以可以說：「某人慈善疲乏，初心退轉。主要就是其靈性能量的不夠與境界未達。」

慈悲要對自己的生命做一件事

慈悲要對自己的生命做那一件事呢？活在意識自然，心腦定靜的祥和之中，若能為生命做一件事，那就是使自己和他人的靈性成長。就在日常的生活當中，有「慈悲心」接受自己，又有幽默感。對自己沒有慈悲心的人對別人所展現的慈悲是假性的，不是真的，不是來自主魂良知的特性品質；「愛」也一樣，不愛自己的人，他是沒有辦法去真正愛別人的，「奉獻」也是一樣，都帶上理想的「靈修人格面具」，而 慈善疲乏則要察覺自己能力或能量的不足，所以，「靈修繞道」是用「控制」與「馴服」(意識的)來回應自己的「感受」和「情緒」，將靈修變成是「個人病態」的面具。

助人與靈性成長的關係，當投入服務是對方讓你產生價值，往往回饋得到最多的都是你自己。一個人沒有體驗、感動的能力，其靈性模式是無法開啟的，他參與的意願也不會高，沒有覺知的情感與同理心的能力，也就是愛心、慈悲心的能量還不足夠；當志工服務時是一種修煉，與靈性的引導是雙管齊下，這樣分別心自然不見了。「助人」卻是生命服務的功課，人與人之間情感真善美的表現，靈性成長在其中，自然「愛心」也不斷的增值。是被服務者使服務者成長，當服務觸動人心，這種能量的累積，就是靈性上又一次的成長。

在社會工作者之間有一大部分人必須天生具有「天使心」，他們的工作才有熱忱去進行，重要的是滿足慈悲、憐憫、助人、服務的精神，而不是專注於財富的追求。他們深知在老人院若沒有一群需要服務的老人，就沒有老人們心中的「天使」產生，若沒有一些躺在那裡的腦殘病患，也沒有被稱之為人間的「菩薩」來服務，所以沒有服務的對象，就沒有機會成就自己；靈性的成長「去做就是」就是秉持沒有目的的熱忱，沒有條件的等待，是良知的展現，良知是不經思索的行動，是來自靈魂本性的本然。所以說：捐錢很好但是頭腦意識的，而實際工作服務才是靈性的體驗。要使自己的靈性成長要先開啟自己慈悲喜捨的靈性，當面對個案去做就是的體會，其靈性成長更大。

三、有錢但卻難買早知道

有錢難買早知道

　　「讓愛圍繞著你」是賈伯斯（SteveJobs）在最終病床上的感觸。他說：「這一刻躺在病床上，回想我這一生，我臆測我所有的認同和財富，它們變得毫無意義。現在我知道了，當我們一生累積了足夠的財富我們應該追求與財富無關的事。應該是更重要的事情，也許是人情，也許是藝術，也許是年輕時的夢想。不斷的追求財富，只會使一個人變得扭曲，就像我一樣。」「上帝給我們感官就是讓我們感受每個人心中帶來的愛，而不是財富帶來的幻想。在我生命中贏得的財富，我不能帶著離開，我只能帶著愛情中沉澱的記憶；物質的損失是可以找回來的，但是有一樣東西失去了是永遠都不會找回來的生命。珍惜愛你的家人，愛你的伴侶，愛你的朋友，善待自己，愛惜他人。」

　　賈伯斯說的：「什麼是應該追求與財富無關的事？」「什麼是更重要的事？」無疑地他的答案就是愛和生命。他說：「世界上最貴的床是病床，你無法聘請一個人為你承受疾病。當一個人走進手術室，他意識到有一本書他還沒有閱讀完健康生活的書無論你現在的生活屬於那個階段，隨著時間的流逝，你將會面對生命舞台簾幕降下的那天。」在現今一切向錢看的世界，拼經濟是主政者吶喊的全民運動。物質和科學帶給人們更便利舒適的生活，

但也使得宣揚愛的宗教、追求心靈成長、不易觸及的靈性，這些精神層面更趨於沒落。在物慾橫流的世界裡，宗教式微了，人們也找不到自己的心靈或精神靈魂，反而更多的人卻以自己的靈魂與撒旦交易而不自知；這就是人們找不到的，什麼是應該追求與財富無關的事？或是頭腦的愛嗎？到底人活著的生命意義又是什麼呢？

賈伯斯說的：「健康生活的書」是什麼？是身體和心理的健康保健嗎？是精神靈性的健康指南嗎？或是身心靈全人的健康？答案則是較頭腦更深層的靈性健康與靈性真實的愛。然而，靈性是頭腦意識無法到達的，如何到達靈性呢？其實，人生命中的三大問題和靈性的修練都包含在現代「新的靈性學術」這生命全書中。「大道」靈性學術譯解了靈魂光真理實相的密碼，真的有「靈魂」存在嗎？靈魂光與宇宙是如何創生的？靈魂光生何來、死何去？什麼是光和人體的使用手冊？什麼是生命的意義？然而，靈性能量可以體會與修練嗎？什麼是「靈性模式的修練」？靈魂光的靈性境界又如何成就呢？什麼是「大道靈性學術」？

有錢難買早知道，最貴的是病床，你買不到一個人來代替你受病痛的罪，人當死亡降臨才知道身軀健康的重要性。修心養性和善守竅門是很重要，一般人只在乎心理的認知而企求能夠心理健全或進入宗教靜心救贖的氛圍，殊不知有緣遇到「真道」而踏上靈性成長的道路，必親自體驗，也是有錢難買早知道。這是使

自己靈性生命的成長，靈性是永存的，而人的身軀卻是會毀壞的。人們要修的是靈性生命，要修的是心性。在靈魂光的真理實相之中揭櫫了人的生死、鬼神和宇宙創生，其中的鬼神真相，闡明了外來靈體影響了一個人的命運，這些「真理實相」都是有錢難買早知道。

外來靈體影響了人生命運

然而，殊不知人體內寄託有的「外來靈體」，他是人的覺魂所形成的鬼魂，只要進入人體危害人的命運的就是「惡靈」。一般的人經過透視至少有二十多個黑點(外靈)以上，其集合能量或有高能量的「外靈」(綠色)，他就能主導你的行為趨於極端或思覺失調。有人處理事情會極度緊張或大發脾氣因而失心了，事後發現那不是我原本的意思，自己不能夠控制往他而往極端的方向走去，那就是被外靈(他)鎖控擴大了，精神病患幾乎都是如此。

「外靈」在人的體內，目地在得到你的能量，因為被主魂能量吸附，要在人死亡之後，「主魂」回天界磁場的時候才會離開，主魂必須付出能量來被這些大小鬼掠奪。不過，他在平常除了鎖控人的情緒、行為之外，他會將你的能量以「外靈根」方式傳輸回給原寄託地靈氣洞磁場之一的外靈（鬼），當此鬼的能量大於磁場能量則能脫離該磁場，這就是陰陽眼的人所看到的，你的身邊跟了幾個「鬼」；然而，每個人都有這個經驗，坐飛機到達很

遠的地方，一下飛機覺得很輕鬆，這就是外靈根的連線消失了，人精神的負重不見了，覺得很清爽。

外靈高能量就能夠讀到經由主魂放在覺魂桌面資料的捷徑，那就是累世的「轉世輪」紀錄，包含有死、傷、病劫的因果和習性。外靈就是要你早一點死亡才能離開，所以就啟發了你的「因果病」，比如以前幾歲心臟病死亡等，也可以將其癌症紀錄複製給你。高能量外靈必須高於此人覺魂的能量才能讀取資料。這和算命和問神是相同道理的，為什麼他們有那麼「神」都知道我的事？

如何與自己內在的外來靈體和平共存呢？不給他任何機會上來主導。這就是「修心養性」之中養性的最高意義了，隨時保持心腦定靜、心平氣和(不動氣)。你所面對的不只是自己的「心」，而是影響頭腦意識的他「靈」。如果你的靈性能量提高，要大於外靈能量的兩倍以上才能將其包覆或消融；精神病患的六識竅門常保持開啟狀態，即使你幫他抓出外靈，他又會再進去，所以不容易治癒，除非他的竅門能自主關住。

「靈修」的重點是在面對和處理無形的事物，如何幫助他人呢？那就是開發出「第三眼」的靈力，以幫助眾生。所以，「大道靈學」說：「我們不是宗教而是靈性學術。我們不在修行而是修心養性。有了靈性的神通能力是要能做得出去。」人為什麼要修心養性呢？修心是基礎，養性則重在心性的自然，靈性能量的

淨化、增加、成熟和靈性境界的提升。

「有錢難買早知道」要能覺知肇禍的就是「他」。人都是重摔過後才會知道很痛，放下，不要自責，因為你戰勝不了無形的「外靈」，何況不知道外來靈體影響一個人的「命運」。所以，早知道就要加緊「修心養性」，改變你的習性，緩慢你的腳步，時時警惕有他的存在，保持情緒平和，不緊張、不恐怖、不生氣、不失心、不喝酒，就能夠不給「他」任何連線主導的機會，大禍就不會臨頭了！

唯物主義者的處世心性

名利享受是唯物主義者的處世心性，今生在世人們的生命過程中，於大自然法則循律之定數，於有形物質層面的生命存在與進展，其無形精神層面所使然的真理，因今時代人們生存於意識世界裡，由於腦智力欲求物質享受的觀念極重，而使人們的思想趨於紛亂，於是在智力境界不同，和所執著觀念亦不同，處世的心性行為也就各異，引致人們腦覺能量的玄機，七情六慾的使然下，免不了其心性在貪、瞋、癡之引導，而走向偏私邪惡的途徑。

於是人們的心性混亂而紛爭層出，在無形中就被啟發煩惱、憂悶、雜念等自作業障之「因」源，使其「腦波」磁力發展來磁引外來靈異力量的「濁氣」，使腦覺能量中佈滿了外來濁氣，來

干擾與汙染腦意識能力，控制其腦憶之反應，使軀體活動時配合情緒不平衡下，啟發使然出緊張、恐懼、生氣、驚嚇的意識魄力，來打開「竅門」（門戶），由腦覺能量濁氣的「頻率」，引進頻率相同的外靈生命之靈體；外靈頻率侵入打開的竅門而與「主魂」生命同寄託於心窩處磁場裡，播放其因果死亡的毒素，污染體內先天氣徑及破壞軀體肉身的生機能力，引致啟發內在因果，而產生由靈界帶出來的真病疑難，如是外來靈力多數的侵入體內，就被引導出壽劫之危徑。

　　如果人身處世生活中，為了物質享受或名利之執著觀念，而又不相信無形層面靈體與靈物的存在，此唯物主義斷滅論的人者，定要相信有因果牽帶的真理，或古人常俗言「善做有善報、惡者有惡報、如若是不報，就是時未到」的果因循環。所以此唯物主義者的處世心性，為了物質名利與享受的誘惑，慾求的觀念未能實現之心腦不能定靜下，被外來靈異力量侵入體內，於無形中其心性就不能心安理得，然於處事就有邪惡非法之觀念，而違反人倫道德與為非作歹之行為，引致平常時的情緒緊張、恐懼、驚怕下，招引多數高能量綠色光體的外靈生命入體，啟發出外靈生命遭到突然或意外死亡因果之毒素，使邪惡者的生命遭到外來果，所循環壽劫之惡果報應。

修心養性與心腦定靜

許衡山先生說,如果要再上一層的心性修養,須做到各種意識能力「良知」之修養。勿煩惱、勿憂悶、勿雜念、勿迷信、勿執著、勿偏私、勿邪惡、勿緊張、勿畏懼、勿恐怖,無有違背良知和倫理道德,無有物質享受、名利地位、酒、色、財、氣、淫等,極重意識去欲求其願。定以平時處事講以自然、自動」不違反國法規律,和常理之作為,須心腦定靜以求進至心安理得,才是以修養心性做為精神上之寄託。

心腦定靜—大腦是身體的第二大器官,僅次於皮膚。其職負責思考、記憶、知覺、感覺、視覺、嗅覺、聽覺、人體的動作、大腦一直處於極需氧氣的狀態,每呼吸一次中 40-50% 的含氧量都被大腦消耗。為何會「缺氧」?其實消耗能量最多的是頭腦意識的負面思想、偏私邪惡、執著自大等等。然而,「放鬆」可以降低意識,就是讓腦覺魂磁場的轉動緩慢下來,到達 α 波的狀態,這個時候也會減低消耗主魂的能量。

有些人雖然放空頭腦,但其腦覺魂磁場,竟然還保持有如一百燭光亮度的燈泡發光而持續在熱機空轉中。欲達到「心腦定靜」就是自然的靜心、不是頭腦控制下的靜心,而要能夠放鬆就可以隨時讓靈魂真氣上來三分,使腦覺魂磁場與主魂磁場同步的(逆時鐘方向)緩慢的同步運轉,則此時定靜(心定腦靜)在其中。

如何心腦定靜與善守竅門？心腦定靜沒有偏私邪惡，是非只為常開口，煩惱皆因強出頭，並且要有好睡眠，確保能量恢復而不失，睡眠不好且工作太累，累則心煩，煩則心躁，情緒太過因而竅門開啟；從日常的看、聽、說中要如何善守竅門？其實並不是不看、不聽、不說，而是以正面的能量，切勿存偏私邪惡念頭。從看了而能察覺到對方生氣的原因，是否他的嚴肅紅線被踩到了。從聽了就知道為何會產生抱怨，是因為自己想得到，而未能得到。不是不說，而是說話精簡，心平氣和，一切了然於胸。簡而言之，欲學習面對正向心理敵人的對治，若有「恐懼」就是以「愛」來對治。「嚴肅」就是要學會放鬆「幽默」。「承擔」要能願意負起自己的「責任」來對治。

　　察覺六識竅門 (眼、耳、鼻、舌、心、意) 的開啟感應：當看不順「眼」，偏見入主、不夠自然、行為有因，必須提升到更高境界的認知；當聽不順「耳」，意識逆耳、對號入座、心不自由，必須要能做到不必在乎；當常聞異味，即「鼻」異於常人、用鼻感通，必須學會心照就好、有感沒應；當話說不停，即是「舌」竅連線、話多不自覺，必須要學會靜默是金、微笑是鑽石；當「心意」識太強，習性固著、妄想幻覺、自以為是，則必須要知道凡事起心動念都是業；當意想猜測常有第六感應、念動意（竅）開時，必須要保持一切默然、如如不動。所以，情緒成了修心養性的表徵，我們可以察覺到自己人和他的情緒，及如何的去對治，

也可以觀察他人的情緒是處在甚麼狀態或境界,而可以不用制約壓抑的方式,能夠自自然然地到達如如不動的境界。

修養心性—修養心性是靈性開啟的底蘊。從修心養性以至修養「心性」,靈性不等於倫理道德或意識層次,而是靈魂自性的心性自然。所以說「道法自然」的道和靈性、自然都是一個無形概念或境界,無法完整的以語言文字來表達。那麼「心性」即是靈性自然的表現,自然就成了心性之上天的唯一標準,沒有意識的是非對錯,只有自然。靈性的自然開啟,就在一個人愛與慈悲之展現,去做就是才有體驗和分享。

所指「心性自然」,就是要保持平常心、隨緣、自然,首先要能接納自己、容忍家人、對他人自然隨緣,不強求的要改變別人,而是能讓自己成為典範去影響他人;「接納」,就是沒有對、錯的批判,沒有控制、壓抑、評斷,但要先能接納自己。「容忍」,卻是內在有不願意、不對、不好,卻以寬容的網來掩蓋。「包容」,就是不占有、不依靠、不控制,不必忍受容忍,只要隨緣就好。「恐懼」來自對未來沒有安全感,對已擁有的失去,然而改變卻是人類的最大恐懼。「快樂」就是停止抱怨、批評、指責、計較、能保持心腦定靜、平常心。「關懷」不是指導、不是控制、不是督促,而是屬靈的自然問候。「自然」就是不刻意突顯某事物,而無形中排斥其它的存在,若能讓心自由、行為自在、就能自然而然。

善守竅門—人身上的六識感應竅門，眼、耳、鼻、舌、心、意就是六個窗戶，接收到訊息，可以學習「有感沒應」，若是一個反應就容易打開窗戶而歡迎光臨。尤其是七魄情緒太過，喜、怒、哀、懼、愛、惡、欲，無形之中吸附了許多外靈雜氣，雖然經由睡覺、抱珠、靈動都可以將其排出，不管你多會排，倒不如學會，善守竅門不製造垃圾，就不必倒垃圾。如此才能將身體內的負能量排除，甚至於完全消化或排除。

　　總括而論，除了修心養性之外，還要善守竅門，阻斷負能量入侵，同時需要保持情緒平和，當情緒平和了，就不為外界情勢所動。所以，我們要能夠保持心腦定靜，放鬆身體使能量流動，進而做到靈性能量的暢通。回過頭來是要先去除濁氣頻率的氣道阻塞、竟除外靈和善守竅門。當情緒來了能做到「無情」，就是不為過去的情緒所影響，能做到「無待」，就是遇到什麼事都可以坦然面對，不必等待什麼條件，能夠駕馭情緒，也就是心性「自然」了。古代人要人們修心養性，而修心只是到情緒「心情」的意識境界，然而現代靈性的修養心性，心性即是可以達到道法「自然」的境界。(以上部分節錄自《能量療癒》第五章)

　　人為什麼要「修心養性」呢？如何防止無形的負能量入侵人體？外來靈體會影響人的命運嗎？「修心養性」是所有修練的「基礎」，不管是修習武術功法、藝術修養、為人處世、宗教修行；「修練」是在生活的點點滴滴當中，使自己能夠處在心平氣和，不動

氣的狀態之下以心性「自然」地去面對事情。當事情來了，面對、處理、放下，若事後還放不下，就是心的修練還不達心性「自然」的境界。人必須修心養性，是人人都知道這是人生修練的基礎，但是無形的負能量的入侵，啟發此人的累世因果因而影響人生命運，並且阻礙靈性生命成長的修練。

「微福驕之，微禍傲之。」驕心必敗，傲能克服。福禍相依但可以是無福無禍，則要時時保持良好的修心養性，沒有驕傲自大、自以為是、執著自我、偏私邪惡。是在修心之外更進一層的養性，「修心」著重在倫理道德的意識規範和人與人之間的關係。「養性」則著重在向自己內在的靈性(心)，去開啟自己的良知、良能，恢復靈魂的能量和境界。「養性」也就是修養心性，心性就是靈性的指代，心性上天的標準卻是自然，心性自然而不在好壞對錯。所以說，有錢卻難買早知道，這無形的精神事務影響著有形的肉體，由大道靈性學術的真理實相找到了生命的意義。

謙卑踏上靈性的道路──人生是靈魂修煉的道場（處世篇）

四、富貴之人修行難不難

「富貴」者，富有高貴，也就是富裕而又有顯貴的地位。而貴者，價值高、珍貴、尊顯的人。在命理學上「主富」的意思，是本命帶財，能夠賺取及計算財利，這種能力很大。「主貴」的意思，該人能做事、會做事，能造福人群，有利百姓，自然也會受人擁戴。所以，富在造福人群而貴在慈悲能給。富在得到收取的意義大一點，貴在付出的意義大一點。

「富貴修行難」指的是一個人若執迷於金錢財富，權勢地位，眼中只有金錢和權勢，這種重意識，其意識光所呈現的體外光是紅色的。他可以進入「修心養性」成為善人孝子，但卻無法進入靈性自然的「修行」。因為，首先要去除的是驕傲、自我、執著和意識的不自然。其所作為大多是「有」：目的、條件、交換、應該。這些重意識都無法進入內在無意識的靈性。

名利的追求與靈性修行是兩個相反方向，悉達多太子就是完全放下名利而靈性成就的典範。而且，用頭腦意識氣的修練方式，也永遠到達不了無意識靈性能量 (靈魂真氣)的感應。布施主要是幫助別人靈魂光的成長，俗話說：「貧窮布施難，富貴修行難。」真的是如此嗎？然而，富在知足，貴在知退。每個人天天都是可以自處在此富貴的狀態情境之中。

若此人靈魂(主魂)的能量具 400 萬靈魂光能量度，其覺魂(頭

腦)的能量度最高為 200 萬度。當然較一般主魂 300 多萬而覺魂 150 萬度的人高，能量較高者天生下來就是較聰明和富貴命，這投胎之前靈魂(靈性)的能量度是上輩子「修」出來的。以大道靈性學術而言，這個人有沒有天生財富，只要具第三眼的靈力者「透視」其手中所握元寶的大小即可以知道。這個財富是上輩子「做」出來的。是慈悲喜捨的給，能給的元寶就越大，也能夠關懷他人和自己靈魂光的成長，甚至於是能量增長了。然而，上天給你較大的元寶是要經由你去分享給他人的，若據為私有而不去利益眾生，關懷和慈悲的心性實踐的機會就會喪失了。

在台灣有一位政治人物，可稱之為官員之中的首富，人人稱羨其是含著金湯匙出生的，官運一路順遂。當其在競選總統時，有靈力者透視其當時主魂的能量還有 600 萬靈光能量度，幾乎是一般人 300 多的近兩倍了。他唯私不公，少做公益或去做弱勢的救濟，沒有做到所謂的「財散人聚」，相反的卻是「財聚人散」。因而，競選只獲得第三的得票數，雖然他的政黨發費了最高的競選費用，也無濟於事。如果他知道手握大元寶是要能夠分享，能夠給，給得越多得到的也越多，心中有眾生，有大願力去做就是，如此才具有服務人民的熱忱就能夠當選。這也是有錢難買早知道啊！

修行不難

　　修行一般人的修心養性是重在德行(性)，德行是所有做人和修行的基礎。宗教的修行大多是在勸人向善，說好話做好事。其中與「感應」有關的是祈禱和打坐 (閉上眼睛就是禪，禪就是感應)。「修道」就是依循進入各道門的法去修，以上可以統稱之為修行；其實修行不難，就是在日常生存、生活、生命上點點滴滴的體會，體會自己的心性是否自然了，心性是靈性的指代，回歸靈性本然之道就是自然。大多是在修頭腦意識氣的不難，機緣在尋得「真道」靈修，修無形的靈性、道，靈性能量(靈魂真氣)、境界，和啟動人體玄機奧秘的感應能力。

　　「佛道修行」佛教的修行屬於教理行果四法寶中的「行」，是依照正法而踐行的意思。佛教的修行方式以遮蔽五慾、求涅槃道為最終的歸屬，以行十善道、絕十惡道，和持戒、懺悔，為出家、在家二眾，以及聲聞、緣覺、菩薩三乘，或上座部佛教、漢傳佛教、藏傳佛教三大傳承的共同基礎；禪宗講「見性成佛」，所有的修行手段都是為「直指人心（佛性）」為目的；密宗除了顯密共有的修行法門，還提倡以誦咒為主要修行法門，如修懺、修福、消魔障的《百字明咒》、《大悲咒》、《楞嚴咒》等；另還有行頭陀的苦行法，也是以去除五欲、增加定力為目的。

　　道教的修行也稱為修真、修道、修煉，是從主要針對身體的

修煉發展出的一套實踐理論。道教將道家的理論，結合煉丹術數、行善積功德等方法，發展出自己的體系；又吸收了佛教的禪定，稱為打坐，希求修煉歸真，道胎顯現，成為「真人」；至於修神通，佛教主張「因緣果報」，一切的一切皆緣於過去生中的業力牽引，而有現前的受報，未來的出路，也要靠著各自本身的努力才會慢慢好轉，單憑神通是無濟於事的。很多人梵唄唱得很好，誦經持咒都很熟練，這樣固然很好，但這只是修行的入門工夫。

西方宗教的修行制度中，類似於漢地的修行方法，如誦經、冥想、正行等，也翻譯為修行、修道。現代人很多人以為吃素、念經、禮佛、拜懺、做慈善工作，甚至修神通、修到有未卜先知的能力，或是把身上的氣脈打通了，就叫作修行。其實，所謂修行，簡單的說，就是修正自己身體、語言、行為的偏差，通過任何方法而達成這個目的，就是修行。所以，上述如誦經拜懺、吃素禮佛，這些作法的確可以讓我們得到身心的平靜安定，因此，它也是修行的方法之一，但不是修行的目的。

修行與重生

在基督教中，重生指人「屬靈的再生」，與每個人都經歷的身體的第一次出生相對。「重生」一詞來源於《約翰福音》第 3 章第 3 節：「耶穌回答說，我實實在在的告訴你，人若不重生，

就不能見神的國。」這是一個與基督教救贖論有關的術語。在大部分基督教歷史中,「重生」被理解為通過洗禮這種聖禮達到的精神再生,羅馬天主教會和東正教教會至今依然是如此理解。

重生指的是「精神再生」,是在今世而不在來世,耶穌說:重生才能見「神的國」,但有的宗教是為來生而活。以「大道靈性學術」的觀點而言,如果每個人的靈魂光來自神的國度,「重生」就是恢復靈魂的「本來真面目」。因為所有的靈魂光都來自於神仙聖佛的天界磁場。「神」就是靈魂的精神奧秘,它具有感應能力稱之為「神通」,是每一個靈魂光天生具有之感應能力。

以前的人修「腦意識氣」的能源來通氣而具感應能力的稱之為「意識神通」。所有的宗教幾乎是如此,教條規範、神靈代言、德性修行、經典傳法、膜拜諸神,而以語言文字、知識論理來啟發信眾而成為信徒。但現代的人由於工商發達,物質重於精神,因而重意識氣,不再虔誠於宗教。當人們失去了那日出而作日入而息的自然生活,那純淨的腦意識氣。取而代之的卻是人的貪婪、自私、邪思、惡鬥所謂的腦意識的「偏私邪惡」產生。於是意識不再自然,竅門常開而引進他靈,成了不純淨的腦意識氣,即使有了神通能力,則大多為「意識他神通」。然而,靈魂的能量靈魂真氣所展現的就是「本神通」的能力。

恢復靈魂的「本來真面目」這中間的過程,依「能量」和「位階」的增長就是一個階段的重生,可以由不同能量展現「境界」

不同的體外光顏色。靈修體外光由黑色、灰色、白色、藍色、紫色、淺黃色、黃色、金黃色、外加三圈七彩虹光，此時能量「成熟」稱之為靈魂的本來真面目。所以，重生就是本來「未成熟」的靈魂光(<1200萬度) 使自己靈魂光成熟的過程。因為靈修的簡單清淨是減法，不以頭腦意識的加法，所以只能說是「恢復」。

真道可以使人今世重生

修真道就在靈性的能量和境界不斷的提升，靈修的目標就是所謂的「恢復靈性本來真面目」，經由大道靈性的修練模式可以使靈性能量到達一千兩百萬靈魂光能量度，境界尤其體外光顯現金黃色外加三圈七彩虹光，可以說是成佛、成道，最終可以出脫輪迴、返源歸宗。

靈魂光依能量度而有不同寄託的天界磁場，靈魂光是永存的不會被毀滅，只是輪迴轉世的過程，靈魂能量會造成減少或增加，減少到三百萬靈魂光能量度以下，下一世必然是投胎為畜生。所以，靈魂能量的增長，可以使自己的位階和境界提升，就在這一世有機緣接觸到真道，而不必等來世，這就是重生；命運(三分命七分運)－主魂能量高的，出生就較聰明，投生富貴人家。命運、天時都要配起來，三分命與生俱來，但是七分運是掌握在自己的手中。命運就在自己當下的選擇。而選擇的能力來自心性、習氣、聰明才智和內在靈性的指北。「機緣」是自己掌握

機會而不猶疑；命好，只不過是一台新的腳踏車，端看你要騎在什麼樣的道路了？平坦或崎嶇的道路選擇就很重要了，「大道」(真道)是最好的修行道路了。

人道走完走天道－生命是用來「體驗的」，沒有一個標準的規劃，都是要自己去闖關，去走出一條道路來。人道的過程，在人與人之間的體悟，是使自己靈性成長，也幫助他人的靈性成長，就從自己的家人朋友開始吧！天道簡單的講就是靈魂回天界的道路，從修養心性開始，使靈性的開啟、淨化、增加能量、到達自然的境界。

富貴修行難嗎？ 輪迴轉世是人靈魂能量的高高低低，當低於 300 萬去當動物，在吃睡中培養了能量，也沒有頭腦的偏思邪惡來消耗能量。於是很快的高於 300 萬能量度，下一輩子又可以當人，當然是從貧賤開始了。修心養性力爭上游，經過幾世又回到富貴。富是財富，貴是內在的修養。可是，往往富貴的人是相信自己的頭腦(意識)能力，是活在「覺魂模式」之中。較沒機緣去接受還有一個「靈性模式」的世界和人生。

有權就有錢，一個以政治爭權，經濟爭錢的世界，人的權位、成功都以功利、金錢來衡量。這是人的頭腦、意識以及科技的力量所創造，因而宗教式微了，上帝被政客、財團的拼經濟取代了。大聲疾呼的修心養性，也恢復不了道德、倫理。靈性的良知、智慧更歸類為形上學的無解。以前的修道者在臨終前都會說一句

話：「眾生難度」。現代，又受到「三期末劫」外來靈體所造成的加重意識、鎖控意識、破壞慧命的劫難。所以可以說是：「眾生更難度了」。更何況潛藏在最高領導者體內的外來靈體，會使帝王意志者失去人性、靈性、愛與慈悲，最後造成逆我者亡或發動爭戰而使生靈塗的劫難與滅亡。

以靈學的觀點認為，命運是掌握在自己的手中，靈性能量高的人，選擇能力強。不經過「人道」的圓滑成熟，就無法體會靈性成長的「天道」。靈性不是功利的、交換條件的、而是沒有目的和條件、無爭、慈悲、自然、真實的愛、博愛、世界大同；若是自己選擇一條崎嶇的道路，不要怪命運；覺魂模式是向上科技的頭腦，二分法無法走向整體向下內在的靈性之靈性模式；「大道靈學」就是應時應運的降世，以收圓「三期末劫」之人類的磨難，預言將在一千年後成為普世的價值。

佛說富貴學道難？

四十二章經裡面有佛說二十難，其中之一是富貴學道難，佛說出富貴學道難啦，他是觀察眾生的普遍的特點來加以概述的。為什麼富貴會學道難？此人能得到富貴也是他的善因所結的異熟果了，也是因果。果就是他原來往生種的因，然後在今生成熟了。因為他原來佈施啊，持戒啊，行種種好事啊，得到今世的富貴。得到富貴之後，他有社會地位，他有財富，他就容易迷。迷

什麼呢？就是享樂，享受那種五欲六塵。

那麼一般的欲界眾生對這個五欲六塵，對他來講就好像一頭大象走在一個沼澤地帶，它是很難出來的。因為這些財、色、名、食、睡對人的那種纏縛、誘惑，這種讓他放不下擁有權勢，脫離不了的這個心，就好像陷在污泥裡面，你越陷越深，出不來，眾生的通病都是善財難捨。所以，富就是有財，貴就是有名。富貴者他一天到晚享樂都來不及，他哪會有學道之心呢？

這個學道在這個時代他需要一種苦難的逼迫，他要深刻感覺到生命的苦，他有一種超越的意向，他有一種厭離的心，這時候他才踏上了一個修道的道路。他在這個富貴狀態下他覺得這個世界很好，很甜蜜，厭離心出不來，苦難感出不來。這就叫儒家講的「生於憂患，死於安樂」，在安樂當中他就死了，往往在憂患痛苦當中，他往往還能夠超越。

佛是大富貴者，身為太子，這不是一般人啊！你看周圍一個悉達多太子要出家，要厭離王宮的生活。那個色界的天人還處處地要警覺他呀，甚至要示現生老病死的情況，他在四個城門出來見到的生老病死，包括一個沙門修道都是色界天人示現出來的，讓他不要在那個富貴當中迷了。這都是這樣一個大菩薩過來，那麼一般的人就容易迷了。所以佛本身是大富貴者，他能夠超越這種富貴。他能夠在富貴當中感覺到生命當中本體上的苦、空、無常、無我，所以他能夠超拔出來。

他的弟子當中有很多釋迦族的這些王子乃至貴族，這是受佛陀的德望的感召和佛的加持，他才能達到這個水平的。而且在佛的座下一出家，很快就能證到從初果到二果、三果、四果，馬上利益很大。所以很多的王子、貴族子女、子弟，就毅然、決然地隨佛出家，所以當時出現的狀況，很多城里人一聽到佛陀要來，這些做家長的都很擔心，哎呀，這佛陀一來是不是要把我的兒子又帶走啊？他就有這種感召力。所以富貴學道難是對一般眾生的一種基本概述，佛本身是一個例外。

進入大道靈性的修行，靈性能量和境界的修練，一個成熟能量的靈魂光(>1200萬靈魂光能量度)則是成佛到達靈性的真佛境界，即所謂的恢復靈魂光本來真面目。這條大道是真道，修的不是腦意識氣，而是主魂無意識的靈魂真氣。不是知識性的你告訴我，而是在降意識之下親自體會靈性能量的感應能力，不是覺知而是靈感。所以，修道難，修大道更難。現今有了釋迦牟尼佛成道之法，端賴有緣人來加入，實踐了生命的意義，最終平心靜氣返靈源是指日可待。

五、志業大願力即是修行

修行是一種「志業」,「願力」來自於靈性無目的、無條件、無動機的熱情。那個內在的呼喚就自然地去做就是。本文包含了四個面向的志業範例及其影響力：

(一)沒有國界的傳教士為世界留下了大愛；(二) 基於「森愛地球，種出希望」的理念而被稱為樹王，他將種樹私產留下給地球，為環保留下精神典範；(三)藝術的追求，當頭腦的垃圾全拋掉，自性就跑出來，藝術的活水就會冒出來，做一件事就如靈修，形而上的精神展現就是藝術；(四)人生是修煉靈魂的道場，用自己的佛道經營哲學，佛教思想「自利利他」，也就是要想自己獲利必須造福他人，教導人們不要只考慮自己的利益，也要讓他人得益。所以，可以說：「志業就是修行而大願力來自內在的呼喚，去做就是的實踐修行，自然地踏上靈性的大道。」

（一）傳教士─馬偕

1872 年 3 月 9 日馬偕博士由台灣的滬尾(淡水)登陸，隨即展開傳道醫療生涯。6 月 1 日，馬偕博士在他的寓所開始為人診療。1879 年 3 月 15 日馬偕博士購置醫院土地，並於次年(1880 年)運用美國一位同姓的馬偕船長遺孀，為紀念丈夫所捐款美金三千元建立了偕醫館，這是台灣北部第一間西式醫院。該醫院的建立，

使台灣民眾受惠無窮，如今該建築物仍完整存在原址。

1884年8月5日中法戰爭爆發，法軍炮擊基隆港，10月1日法艦隊在淡水港口炮擊淡水，民眾與士兵死傷不少。在危險困境中，馬偕博士於偕醫館收容許多傷兵，此為台灣第一次展開類似紅十字會之救傷工作。這一所基督教小醫院繼續不斷地維持其工作約二十年之久，直到1901年6月2日馬偕博士逝世，才暫時關閉。1905年11月3日，宋雅各醫師/牧師(Dr. and Rev. J. Y. Ferguson)夫婦抵淡水，隔年(1906)停診已五年的偕醫館，在宋醫師手中重新恢復醫療傳道的工作。偕醫館的聲望逐漸普及到每一角落，從各地湧來的病人，都爭著要來這間西式醫院接受治療。為因應實際的需要，宋醫師與宣教師吳威廉牧師積極計劃醫院未來的發展。

1911年秋天，宋醫師提議將醫療中心由淡水遷到台北（即中山北路總院的現址），並將醫館命名為「馬偕紀念醫院」，以紀念馬偕博士一生之偉大行跡與其宣教事業。同年，烈以利姑娘(Miss Isabel Elliot)來台，隨即成立護理部，擔任護士長，並開辦「看護婦學」負責訓練護士。台灣北部最早的護士，大都是此時期訓練出來的。位於台北市中山北路的馬偕紀念醫院擴建於1912年12月26日落成，宋雅各醫師為首任院長。1918年6月醫院因世界大戰的影響，藥品短少、醫護人員缺乏而停辦。1924年戴仁壽醫師(Dr. G. Taylor)夫婦，重新展開醫療的工作。當時

求診的病人中，有許多是麻瘋病人，這些病人的痛苦引起了戴醫師的注意及關心，於是在八里著手籌設癩病醫院，由於當地人仕反對，戴醫師曾被脅迫藏於山區，幸蒙上帝帶領，樂山園於 1934 年 4 月 30 日順利落成，並同時開院。

醫院於戰爭結束後，得到聯合國重建救濟委員會，紅十字會及加拿大援華會等直接間接的援助，於 1946 年 8 月，以李達莊醫師為院長重行開設，馬偕紀念醫院再次負起了醫療的使命，善盡教會醫院的職責，積極關懷弱勢族群的醫療需求，並以「那裡有需要，就到那裡去」為依歸。1953 年曾為兒童開設沙眼兒童眼疾免費治療；1955 年提撥貧戶病床，收容病倒黎民；1961 年在貧民窟作巡迴醫療，協助貧困病人就醫；1966 年 2 月 16 日開設台灣首創之「小兒痲痺重建中心」，每天備有專車至大街小巷接送小兒痲痺患者，由親切又有耐心的專業人員為患者做物理治療，教導他們學習如何使用鐵鞋與柺杖，並包括遊戲、美藝、音樂等輔助教育，在台灣醫療保險制度未臻健全時期，中心所提供的服務，不但分擔許多家庭的重擔，溫暖許多父母的心房，也讓小小患者對自己的未來充滿自信與期待。

1969 年醫院的經濟尚處在貸款度日的困境中，仍對偏遠山區醫療盡一份心力，在太平山 17 個原住民部落巡迴義診。當時醫院為讓部落遇緊急需要醫療時能夠應付處理，在每一個村莊遴選一男一女送回醫院訓練，男的學習急救課程，女的授予助產的

技術，學成之後，醫院提供醫療用品，讓他們回到自己的部落，在緊急情況發生時能應急。

1979年7月15日台北市撫遠街發生嚴重的瓦斯爆炸案，由於氣爆威力驚人，現場居民傷亡極為慘重，倖存者大多全身重度燒傷。部分病人由於燒燙程度過於嚴重，情況危急，許多醫院都拒收而轉入本院，許多家屬惟恐仍遭拒收，一進醫院馬上跪地哀求。當時馬偕同仁秉持一貫「愛人如己」的精神，無論受傷嚴重程度，一概緊急救治，全體動員投入與死神搏鬥的行列，雖然仍有許多傷患不治死亡，馬偕人的熱忱卻獲得家屬與社會大眾極大的讚揚。

1990年設立安寧病房，並推展提昇癌症末期病人及家屬生活品質的概念；1996年開辦小金門巡迴醫療服務，1998年台東院區實施「蘭綠計畫」每月定期前往蘭嶼、綠島服務原住民同胞；2000年7月起，定期每月二次，選定不同的原住民部落，辦理巡迴醫療服務，並自2001年5月起，為擴大對原住民部落服務，醫院開始於尖石鄉提供駐診醫療，即每週週一至週五，皆維持一位家醫科醫師及兩位護理人員在山上駐診，每天提供原住民社區早、午、夜三個時段門診，以改善當地居民看病需長途跋涉下山的窘境。位於台灣北部的淡水鎮，除了美麗的山海景色，市街隨處可見馬偕博士相關的歷史事蹟和文物，即使他已經離開138年，其人其行仍然發人深省：為何這個來自加拿大的阿凸仔，竟

能留下如此深遠的影響？

馬偕於 1872 年 9 月 3 日搭船抵達台灣，他望著淡水觀音山和淡水河的美麗景致，在日記上寫道「感謝主，就是這個地方了」，他堅信這就是上帝指引他宣教的地點。傳教之初遭唾棄並被威脅但是這裡的居民並不這麼想，當時的淡水以出海打漁和農耕生活為主，靠天吃飯的高度不確定性和風險，加上傳統的佛道教信仰，讓他們對這位阿凸仔充滿厭惡和排斥，尤其是這個「鬍鬚番」，還想要大家改信西洋神，真是大逆不道，許多人對他吐口水，甚至威脅要加害於他，但馬偕不為所動。

直到馬偕於 1880 年首次返回加拿大述職前，曾經在他起初去宣教時潑糞關門的艋舺人，卻將馬偕用轎子抬著遊街歡送他。有人形容馬偕「比台灣人還要愛台灣」，馬偕為融入台灣人的生活和文化，他勤學台語，還娶台灣人為妻，為宣教走入蠻荒之境，面對生番亦毫無畏懼。在台灣宣教，他懂得從傳統的孝道出發，獲得本地人的認同，來台灣的 29 年中，馬偕共創設 60 間教會、培養本地籍傳道師 60 人、牧師 2 人、受洗者 2633 人和 60 處診所。透過醫療和教育才被接受，醫療和教育是馬偕在台灣傳教的兩大利器，透過醫療，馬偕成立滬尾偕醫館，用拔牙鉗和奎寧水，解除民眾的疼痛和瘧疾。藉由教育，馬偕創辦牛津學堂，傳授台灣人西方科學，包括天文地理、物理化學、動植礦物、醫學解剖、地質等，帶給學生思想和創造力的啟蒙。

因為馬偕的醫療和教育理念，他所創設的台灣北部基督長老教會，承續他的遺志，設立台灣神學院、淡江、真理等各級學校和馬偕醫院、護理及醫學院，繼續為台灣人治療疾苦、百年樹人，體現他「寧願燒盡、不願朽壞」的精神。真理大學牧師吳英同說，馬偕用「對上帝的信心，實踐在對人的情感、對土地的愛」，馬偕雖然已經離開，但是台灣仍然受到他的祝福，2001 年淡水鎮特別豎立他的石像，訂立每年 6 月 2 日為馬偕日，永遠懷念這位「台灣人」；一心奉獻給主的傳教士，靈性的慈悲給予是其生命的指北針，發揮了濟人救世的影響力，他們燃燒自己，照亮眾生，沒有國界及人種的分別心，最終是提升了自己的神性。

（二）樹王—賴倍元

有台灣「樹王」之稱的賴倍元（Bei-Yuan Lai），人稱「賴桑」的他，基於「森愛地球・種出希望」理念：1985 年 30 歲起，他陸續買了 130 多公頃土地種樹，30 多年來耗費新臺幣 20 多億元，在大雪山種了 30 多萬棵珍貴的樹木！他種樹有三不政策：「不欲伐、不買賣、不留給賴家後代子孫。」此種無私精神將所有政治、企業、富豪與教育界人士完全比了下去，因為後者大都急功近利，以為財富、地位與名聲才是最重要。

這片林場原先為垃圾山及荒廢許久的香蕉林等，歷經賴桑三十多年全心投入、整頓、改造後，種植了台灣肖楠、櫸木、紅檜、

五葉松、雪松、九芎、牛樟樹、山櫻花等上百種台灣國寶樹種。如今林間生態的樣貌豐富起來，當樹木行光合作用時，將水蒸氣排放到空氣中，形成雲霧，水蒸氣累積到一定密度就開始降雨。當雨水來了，生命也就誕生了，各種飛鳥走獸也陸續一一現身，美化了整個大雪山森林。

30多年來如一日，賴桑對造林運動的熱忱始終有增不減，被朋友戲稱「樹癡」，種樹也能為臺灣爭光。他始終堅持：「種樹，不只是種樹，是種下對未來的希望、時間與快樂！」他夢想有生之年，以一個人的力量種活50萬棵台灣國寶常青樹。他也期待，每位走進這片森林的人，都能像他一樣，一生種樹、護樹、絕不砍樹，直到千秋。所以，讓心自由與大自然一起呼吸，人一旦走入樹林，就沒有了我而是與大自然合一，以一個理念和大願力，因而成就為一個志業。

（三）藝術的追求─朱銘

從專訪朱銘的〈無字天書最大本〉的文中，他說：「好在我沒念書！」這是朱銘對他學習雕刻的過程一個直接、有力的註腳，朱銘強調他小學算是勉強畢業，因為這樣，所以創造力沒有被架空。「藝術不是用學的，是靠修行、靠領悟的！」，朱銘說：「一般人從小到大，該記的不該記的，統統記住，這些都是垃圾，修行就是為了丟掉這些垃圾！」

朱銘強調，垃圾全拋掉，自性就跑出來，藝術的活水就會冒出來，這種淡忘過去的功夫很難做到，像他已經很努力忘掉過去，可是一不小心，一動筆或一動刀，幼年時代的情景就會跑出來，要阻止也沒辦法。有名的楊英風不但不要朱銘學他，還特別強調說如果朱銘要送拜師的紅包給他，最好的禮物就是不要學他。楊英風要他珍惜一身紮實的傳統技藝，唯一叮嚀朱銘的，只是要他在雕刻時用大刀劈，動作不要太瑣碎，他只看朱銘做，不越俎代庖，只幫忙做小修飾。如今，朱銘教徒弟也是這樣，要他們自己做，做自己，勇於突破，勇於嘗試。

一個人擁有什麼，他的限制也就在那裡。「簡單」就好像一棵樹，是從我們的內在自然而然生長出來，而不是來自外在，把新的樹皮貼在自己身上；所以人們修習「靈學」之後，知道「簡單」必須來自修心養性，由內而外，還是得從靈性出發。自性本圓滿，靈性中沒有好與不好，不必刻意去修剪自己，不是因為什麼不好而去把它做好，不要將內心挖一個錯誤的坑洞，用修正行為去填補。用頭腦去認知的不叫「靈修」。靈性修行是淨化因果，以及靈性種子中累世習性的改變。所以，意識知識是靈性發展的一個阻礙，所謂的「靈性」就是一個沒有思考的心靈，藝術和科學的原創力就在靈性裡，那個空性卻是萬有。

（四）人心的事業—稻盛和夫

人生是修煉靈魂的道場

日本企業經營之神稻盛和夫 65 歲出家，發現了未見過的新視野；他 27 歲創辦京都陶瓷株式會社，52 歲創辦了第二電信，兩家公司都計擠身世界 500 強的行列。他擅長用佛法智慧決勝商海，1997 年 65 歲那年，從高位隱退，在京都圓福寺出家，頭戴斗笠，四處化緣，他出家，是為了再次學習人生意義，為死亡做好準備。

在出家體驗之後，他用自己的佛道經營哲學，對日本航空企業成功的進行徹底改革。對稻盛和夫的行為不理解的人很多，在他們理念中，佛法和企業經營盈利是有矛盾的，稻盛和夫卻認為這是人們的誤解，他的思想和商界的「唯利思想」背道而馳，他更傾向於佛教思想「自利利他」，也就是要想自己獲利必須造福他人，教導人們不要只考慮自己的利益，也要讓他人得益。事實也證明，當他將這種思想貫徹商海時，無論是經營還是扭轉前人敗勢，都取得了巨大成功。

人生過程是在修煉靈魂

稻盛和夫認為，宇宙的意志是帶著一種期望讓我們降生於世，人應該如何生存順應這種期望呢？雖然這個問題超越了人類

智慧，他認為除了「提升心性」外，再沒有答案了。他多次講述，要帶著一顆比降生時稍稍善良、稍稍美麗的心靈離開人世，從生至死都要盡力去思善行善，陶冶人格，使人生終點時靈魂的品格比起點時有所提升。宇宙和自然之所以授予人們生命，就出於這一目的。所以在靈魂品格的目的面前，我們個人在世時積累的財產、名譽、地位就顯得微不足道。事業成功，飛黃騰達，富可敵國，所有這一切，與「提升心性」相比，猶如塵埃，不足掛齒。宇宙意志為人類生命所設定的最終目標，就是磨練心志這一條。所以，宇宙賦予我們的這個人生，不過是修煉我們靈魂的道場。

漸漸他體悟到，「感謝」非常重要。要感謝周圍的一切，這是理所當然的，因為人們不可能單身一人活在這世上。空氣、水、食品、還有家庭成員、單位同事、還有社會，每個人都在周圍環境的持下才能生存。不，與其說是生存，不如說是「讓我生存」。他說，只要我們能健康地活著，就該自然地生出感謝之心，有了感謝之心，我們就能感受到人生的幸福。

稻盛在 65 歲時修行時，還系統地整理了下自己的思想，寫了《活法》等一系列的著作，不僅將佛教思想和經營之道融會貫通，還包含了正確思維方式，涵蓋了人生哲學、生活態度、社會倫理觀等人格因素。進而，他給出了自己總結的成功方程式：成功(=等於)人格理念 (X 乘以) 努力 (X 乘以) 能力。稻盛和夫的成功理念，將佛道融合於人道和商道，他把一個企業家的

人格修煉放到了最高的位置。這一切源於他的宇宙觀：宇宙中無論體積多麼小的東西，全是構成宇宙不可或缺的元素。因此，這世界上沒有一樣東西是多餘的。如果有，宇宙的平衡就會遭到破壞。顯然，宇宙間的萬物也是在相互聯繫中建立存在的。而人類是存在的萬物之靈，因此人可以為世界、為人類本身做出貢獻。

他總結，出家修行對他來說，是嚴肅而新鮮的體驗，讓他發現了以往未見過的新世界，更能深刻體會到佛陀的慈悲。稻盛認為，真正了不起的不一定是所謂「名成利就」的人，更可能是市井中人，或許是心地善良的老婦人，或許是朝著目標奮進的年輕人，他們雖然默默無聞，但卻可能是高尚，富於同情心，能夠無私地關愛他人。

生命的意義在更高層次的靈魂

稻盛和夫在《活法》一書中說：「人類活著的意義、人生的目的到底是什麼？對於這個最根本的疑問，我仍然想直接回答，那就是提高心地，修煉靈魂。」

今生之物只限今世。人們即使積攢再多的錢財也不能帶到來世去。如果說今生之物中有一樣永不滅絕的東西，那不就是「靈魂」嗎？所以，當有人問：「人為什麼來到這個世上」時，我毫不猶豫地、毫不誇耀地回答：「是為了比出生時有一點點的進步，或者說是為了帶著更美一點、更崇高一點的靈魂死去。」人生在

世，直到終要咽氣的那一天止，都是在體驗各種各樣的苦和樂，在被幸運與不幸的浪潮沖刷中，不屈不饒地努力活著。把這個過程本身當作「去污粉」，不斷提高自己的人性，修煉靈魂，帶著比初到人世時有更高層次的靈魂離開這個世界。我認為人生的目的除此以外別無他求；所謂今生，是一個為了提高「身心修養」而得到的期限，是為了「修煉靈魂」而得到的場所。我認為可以這樣說：人類活著的意義和人生價值就是提高身心修養，磨煉靈魂。

磨礪心智所需要的 "六個精進" 作為砥礪心靈的指標，我根據自身經驗總結出以下六個精進，告訴給周圍的人。這六個精進分別是：(一)付出不亞於任何人的努力：比任何人更多鑽研，而且一心一意保持下去。如果有閒工夫抱怨不滿，還不如努力前進、提高，即使只是一釐米。(二)戒驕戒躁：「謙受益」是中國的古語，謙虛之心能召來幸福、淨化靈魂。(三)每天自我反省：每日檢查自己的行動和心裡狀態，是否只考慮了自己的利益，是否卑怯的舉止等，自省自戒，努力改正。

(四)感謝生命：只要活著就是幸福，培養對任何細小的事情都心懷感激的心性。(五)行善積德：「積善之家有餘慶」，提倡行善、積德，特別注意要有同情心，行善積德有好報。(六)摒棄掉感性所帶來的煩惱：不要總是忿忿不平、杞人憂天、自尋煩惱。相反地，為了不致事後後悔，更應全身心地投入。

出家體驗利他之心

稻盛和夫說：「我原本把自己的人生劃分為三個時期。一生的壽命為 80 年，第一個二十年裡，是出生來到世間，自立謀生前的時期。第二個時期為 20 歲到 60 歲的 40 年，是進入社會努力自我鑽研，奉獻於社會、奉獻於人類的工作時期。第三時期為從 60 歲後的 20 年，應該是為死亡（靈魂之旅）做準備的時期。正如走向社會需要 20 年世間。」

我們的肉體會因為死亡而毀滅，但是靈魂將永存世間。我相信這一點，死亡其實意味著靈魂新一輪旅程的開始。所以，在最後的 20 年裡我再次思考人生的意義，為新的旅程做好周密的準備。正是出於以上考慮我決意皈依佛門；我體會到了，其實真正了不起的人在「無名的田野裡」。我以為真正出色的人是那些心靈美好的人。她們是住在街道小巷的心地善良的老太太，他們是在城市一角朝著目標奮進的小青年，他們雖然默默無聞，卻更為高尚，富於同情心，能夠無私地關愛他人。

所謂「利他之心」，佛教裡是指「善待他人」的慈悲之心，基督教裡是指愛。在從事經營活動中，必須用大家都認同的正確的方法追求利潤，而且，最終目的一定是有益於社會。奉獻于社會，奉獻於人類的利他精神——即謀求公共利益甚於私利的精神——曾經是初期資本主義的倫理規範。對己以嚴格的倫理自律，對外則以利他為自己的義務。其結果，就是資本主義經濟得

以飛速的發展。

宇宙的意志、Something great、造物主看不見的手，無論把它稱作什麼，我認為因為它不僅決定了人生的成敗，而且能消除人類傲慢的罪惡並帶來謙虛之美德和善行。那麼,宇宙的意志、造物主出於何種期待讓我們降臨到人世呢？為什麼授予我們僅有一次的生命，而且讓其不斷成長、發展呢？換句話說，我們怎樣生存才能報答這麼大的恩德呢？這是目前的人類智慧尚解答不了的問題，但我認為除了「提高人性」以外沒有其他答案。

我多次講過，當自己死亡時一定要比出生時心靈更善、更美，哪怕只是一點點。在生與死的夾縫中，積德行善，陶冶情操，這樣，與出生的起點相比，處於終點時的靈魂品格至少要有所提高。自然或宇宙授予我們生命的目的除此之外，別無其他；宇宙意志決定了人類生命最終的目標，就是砥礪心靈，我們的一生就是靈魂不斷修行和提煉的漫長過程。在前面的章節裡我反覆說了日常生活中的精進對磨礪、提高人性是多麼重要。佈施、持戒、精進、忍辱、禪定、智慧，在每日的生活中要不斷地留意這些被概括於釋迦牟尼說的六波羅蜜裡的修行法，以使我們的靈魂不斷提高。所以，佛法可以用在企業的管理，可以用在靈性的生活上，「佛」是一個精神境界，成佛、成道是人在世的時候到達，而不在死後。

六、從金魚缸裡看外世界

意象扭曲的世界

圓形金魚缸裡的金魚看外面的世界是透過圓形缸狀的玻璃，所以看到東西的形狀是被扭曲的，與缸外面的實物的真實顏色和型態是不完全相同的。相對的以人眼從外面看金魚缸裡面的東西，水中之物或金魚也有水的折射問題，故其實體的位置和大小也不會是真實的。所以，這就如人們活在眼見為真，卻意象扭曲而非實相的人生而不自知。

一個宗教團體由內看外界的社會，也是一樣的，帶著一個教條和規範來衡量他人。相對地外界的人們看這個團體的人，認為是服膺在信仰和對教主的虔誠氛圍之中。從內看絕對是信仰，而從外看卻是迷信。所以，每個人的價值觀和道德觀的差異，會產生不同的角度或標準去衡量他人，恰似戴上不同顏色或不同曲度的「眼鏡」去看事物；有些教團的修行人，容易以「上帝」的眼睛，自以為較清高的眼光來看人，但卻沒有以其標準來檢視自己。以「大道靈性學術」的認知，「上帝」是宇宙的第一顆靈魂光，具最高的靈魂精神能量和能力。基督教的「上帝」，佛教的「無極至尊」，回教的「阿拉」，其實都是同一位格，統尊稱之為「上帝」。上帝會分派其弟子（其覺魂或生魂來轉世）以教化眾生。

於是各種宗教的教條和規範都是由後人的意識所造就流傳，稱之為「法」。就是以此法來構成上帝的教條或眼睛，加上以神靈位階「法力」的神通顯化來協助人們；教團之外人們的看法，聽不懂教內的「法」，只知道宗教是在勸人行善，至於宗教作為「神靈」的傳譯人，就更不容易使人們去理解各種無形的神靈事蹟了。然而「大道靈性學術」的傳法 (靈性體驗)、傳道 (道法自然)卻是傳靈魂光的無意識法，與闡明了宇宙的「真理實相」。

　　所以，外界的人們很不容易理解教團之中的共通語言。當一個人離開了教團，反而更容易看到本來教團之中不為外人所看到被「折射」的問題，既然有人事問題的折射就不為真實。所以，團員相互的攻訐，真假的認知分歧，或離開的人另立教團，因而成了背叛者或被排除為外道；佛陀曾向大眾說：「將來佛法的毀滅，非天魔外道，而是僧團自身的腐化與崩潰。」

　　如果從一個教團離開或再轉換到另一個教團，可以說只不過是換了另一個意識「眼鏡」看世界而已。然而，真道所體悟的是「靈魂光的真理實相」，其所證道的「眼鏡」就是「第三眼」的能力了。宗教為什麼需要教團呢？意識的引導和說法的論理，依附經典正解和依循儀式氛圍，如果採取不同的作法，就會成了不同道。但一切都是「意識」的修行，而所謂的無法法亦「法」，靈性的修行卻是修無意識的靈魂能量和境界，經由「靈性能量之

體驗與療癒」，用什麼傳法呢？體驗和開啟靈性能量的「大道靈性模式的修練」。大道靈性學術因為不是「宗教」，所以不設教團，而是成立「研究會」，以體驗研究「靈魂光的真理實相」，包含了人的生死，真假鬼神，宇宙天地。

實相非相與概念繆誤

一般的頭腦認知和眼見為真，所表達的「實相非相」。實相是什麼？以靈魂的真理實相而言，那永恆的存在，無形的精神細胞靈魂光才是「實相」，而華嚴世界會毀壞的物質細胞則是「虛相」。一樣的，人的靈性是「實相」，而人會毀壞的身軀則是「虛相」。所以說「實相非相」，一般人所理解的「真」是眼見為真和頭腦認知的「實」。然而頭腦意識卻無法到達無形的靈魂境界，就如道可道非常道，而「道」是宇宙運行的自然法則，無法完整地述說其境界。

許衡山先生說：「要進入靈性修練，首先要有空杯思想。」「空杯」指的是不假思索的靈性本然，靈性是無意識的本來就沒有思想，有的是靈能的感應能力；奧修說：「真理在空的頭腦裡。」頭腦意識主導思考、記憶、邏輯，空的頭腦指的是無意識的靈性能量流動狀態，而不是只把頭腦放空。因為真理實相是存在於靈性的道法「自然」之中，而不是頭腦思索和認知的「真理」。

一般在教團之中常發生的「德不配位」，是指其領導者的「德

行」不好,行為不正,不符合大眾期待的標準。然而在傳道者或主其事者而言,卻有「道不配位」的問題,也就是道行不夠,或慈悲心不夠。許衡山明師說:「要做得出去的才是真道,而所說所做的要能獲得大眾的認同。」所以,一個研究會的主事者,做了些什麼?是靈性的典範嗎?真道是要有能力,道行要配位,還是一個只依章程管理的工作?更有甚者管控人員的一言一行且善貼標籤?主事者如一個帳棚中間的柱子,道行有多高,則此單位的帳篷就有多高大寬廣。

如何活在意象扭曲而非實相的人生?也就是要從一般人修心養性,修心使心靈平靜,善的循環,提升生活品質。進而著重在養性使靈性成長,淨化靈性能量,開啟真實的愛(大愛),讓心自由沒有教條,行為自在做了放下,到達自自然然的「道法自然」境界。「實相」在靈魂的世界裡頭,永存不會死亡的精神靈魂生命之中,靈性無意識的感應力是頭腦意識無法思考而到達的。現今有了「大道靈性學術」闡明了靈魂光與宇宙的真理實相,人們只要修心養性,再而進入「大道靈性修練模式」,親自體會靈魂能量,知生死、知鬼神、知宇宙天地,於是生命的意義自然顯現。

我們人類與畜生所不同的是靈魂能量度 300 萬以上與以下(100-299 萬度)之差異,具有三魂磁場(主魂、覺魂、生魂)與二魂磁場(主魂、生魂)之差異。所以,人的靈魂能量度若低於 300 萬則轉生畜生,而轉生人比畜生多了一個腦覺魂磁場,自稱萬物之

靈的人類，所依賴的就是頭腦意識的思考、辯證、邏輯、創造能力，並以此輾壓了所有的有靈動物。主魂的能量愈高，其覺魂的能量最高是主魂的一半，所以是頭腦較好、較聰明。而要擁有美好的人生命運，端賴個人的修心養性了。意識修行主要在去除頭腦的自我與執著。若此人偏私邪惡則是消耗大量的腦覺魂能量，間接的消耗主魂的能量，而且腦覺意竅的開啟會引入外靈雜氣，導致命運被外靈所創造了。

概念的曲解和謬誤

繆誤的定義：繆誤是「前提」對「結論」的支持程序，低於我們主觀上對「結論」的置信度的論證模式。「非黑即白」謬誤，一個論證的有效性如果依賴於處於矛盾關係的語詞或語句，而事實上論證中使用的語詞或語句之間 卻只是對立關係時，那麼就出現了非黑即白的謬誤；「稻草人」謬 誤當一個人反駁一論點時，而事實上所反駁的論點是被曲解了 的而不是原論點，那麼此人就犯了「稻草人謬誤」或「曲解的謬 誤」。反駁的東西並不是應反駁的東西。

「針對人身」的謬誤，通過只持有某論點的人的品質、資格或動機來論證該論點是假的。就是不提出與否定這種觀點有關的理由，而是針對持有該論點的人本身進行評擊。「訴諸強力」不是為論斷提供其為真的理由，而是指出不信服此論斷的人將要受

到道德的、宗教的或武力的威脅。以使別人接受該論斷，此即強權是公理。道德的，你不信這良心不得安寧。宗教的，你不信服，上帝會懲罰你。武力的，你不相信小心腦袋搬家。脅迫的，你不怎樣就會怎樣。

宗教是勸人向善，是意識修行，所以在其教團之內就容易發生概念曲解的繆誤，似是而非，稻草人繆誤，都是在語詞和人事之間打轉，所以用頭腦去修適合單純的古代修法，現今的人們已經不適合了。因為你不到純的意識氣，面對著卻是外來靈體，所謂的「他神」的干擾。要如何修真道的靈修呢？就是直接修靈魂能量的靈魂真氣，修頭腦意識氣容易造成意識曲解和繆誤的認知，頭腦的「道」往往是不自然的，藉假無法修真。

從地球看外星人？

有許多幽浮與外星人的新聞報導，也有一些人被抓去研究的故事或見證。總的說，幽浮的存在有快速且飄浮不定的影像紀錄，外星人則是捕風捉影的敘說卻無法證實。有人說幾千年前的科技建物和天文地理就是外星人所遺留的，大多數的人相信外星是有人類，但各個星球的空氣、輻射、陽光、水、地貌條件各異，外星人的長相、器官、皮膚、外表、遺傳基因組合以此推論也是各異的。

地球人試圖解開麥田圈的訊息，也試圖發出電波與遙遠天際

的外在文明來聯絡,由幽浮的來去就像是無人機,可見其「科技」遠遠優於地球人類。有野心的國家甚至於想與外星人取得合作而可以在材料和科技上有長足的進步,造福人類並以高科技來控制地球人。這種從地球人看外星人的想法,也有另一派的人以霍金為代表,認為不要主動與外星人聯絡,外星人的高科技將會侵略並佔領地球,掠奪地球資源,或奴役地球人。所以,一般人們的認知有可能是人類的想當然爾或是曲解。

以靈魂光的真理實相而言,所有的精神靈魂光是在物質細胞形成之前形成的,依靈魂光停止形成時的能量度,分別寄託在相當能量度的「天界磁場」,所以,靈魂的靈性本質都是一樣的。當某星球具有靈動物生命的形成,自然就會有相近磁場的靈魂光投胎。有形的軀體和無形的靈魂這兩者構成一個生命體。靈魂光頻率的感應速度是光速的二十倍速以上。以地球上而言 100-199 萬靈光能量度投胎為卵生動物,200-299 萬投胎為胎生動物。300 萬以上投胎為人。所以,每天在天界磁場和地球之間因為人和動物的生生死死,是以億萬計的靈魂光穿梭其中。

有沒有外星人的存在?

許衡山先生在靈學真理中說:「有!」火星、金星都有人,火星人的皮膚較沒有金星的人類那樣發展完全,火星人的皮膚較接近獸皮,金星人的皮膚較接近地球人的膚質。與地球人不一樣

的是，這兩個星球的人類都是著重用「心靈感應」(主魂真氣)，而我們地球人則是著重用頭腦「意識感應」(覺魂意識氣)，做事情都是運用腦意識(覺魂)，所以在宇宙中的三個大星球，依科技及各方面的進步程度而言，地球人排行第三，因為外星人用心靈感應、心靈溝通，因而做出很多高智慧的科技，生活方面就更不用說了。火星人的情形和動物類似，但是火星人比動物多了一個腦部覺魂，此覺魂是以靈魂真氣感應所培養的，所以他們要研究什麼，都是以心靈力量(潛能)來研究發展科技。火星人一出生就開始培養心靈溝通、心靈感應的能力，如此才能培養小孩的感應能力，所以他們無須講話，也沒有煩惱。地球人如果要修持，一定要修真正的內道，要修第三眼(感應)，你今天如果能把透視能力培養出來，相信會比火星人的智慧還要高。

地球人原本也具有心靈感應的條件，只是我們要不要去探討而已。這個問題的癥結在於現代人都用腦過度，野心太大，已超過做人的基本慾求。目前社會一定要競爭、人比人更要勝過別人，賺了錢，還想賺更多，所以現今地球的人隨著潮流，野心慾望越來越大，因而產生一些疑難雜症，才會認為人的命運是天註定的事。（以上外星人部份節錄自《靈學寶典》）離我們地球最近的就有火星人與金星人。然而，外星人能夠投胎轉生為地球人類嗎？有一些人自稱是外星人後代？可能的話，就是遠古就有外星人到達地球，而繁衍下來，相信DNA就可以發現其不同。另

外一種可能就是外星人的靈魂投胎進入了人類的身軀。而什麼條件之下才有可能進入地球投胎呢？地球人輪迴投胎轉生的自然法則又是什麼呢？

外星人可以投胎為地球人嗎？答案是可以的，但要符合下列轉生地球的自然法則條件。宇宙間所有靈魂光的生成與本質都是一樣的，只是寄託在不同的天界磁場，投胎為人主要是在增長靈光的能量、境界、良知與靈和。地球人若開發出了靈魂的感應能力來加上頭腦那會比外星人還厲害，可是人類的重用頭腦卻是先阻礙人們進入靈魂無意識能力的開發。若外星人能量境界比地球人高則可以讀出地球人腦覺魂在想什麼？然而，人類似乎還停留在你爭我奪相互侵略，製造毀滅式核彈，尚未到達「靈和」、「大同」的高精神次元。

靈魂光輪迴投胎轉生的自然法則是什麼？靈魂光要在地球轉生，這牽涉到靈魂光寄託的天界磁場與地球之間的因緣，有因緣的天界磁場大都來自具有主人(市長)的磁場，沒有主人的磁場稱為空白的磁場。在沒有人類出現以前，靈魂光是投生為大型的古生物，當動物死的時候，主魂回去天界磁場，而留下後天魂的生魂在地球。一直到人類的出現，才有覺魂與生魂合一的稱為陰魂，由於是後天魂，其無法上天界，於是陰魂寄託在界天磁場(地府)，屬地界磁場。這就是轉生靈魂光與地球的因緣，稱之為地界的「根」源。

投胎轉生地球人的自然法則是：(一)在天界的「靈光能量」度要達三百萬度以上，才能轉生三魂動物的人。(二)在地界要有自己的「根源」，壽終的陰魂才能到地府清洗存檔，並更新以前的根源,而成為較新的「根」源,具有較強電波頻率的感應能力。(三)有「因緣」與地界某某人有因緣，相互的感應投胎的意願訊息。 (四)要「排隊」，主魂寄託在天界磁場，投胎轉世一般會是超過一百年以上的間隔，而感應到投胎的標的人，可能排隊的有幾個靈魂光，都是要依「能量」度高低來排序。投胎轉生的自然法則也就是人出生的前置作業，真的是人身難得，要好好珍惜這個為人的生命對靈魂光成長的重要性了。

所以，以地球人類而言，靈魂能量是首要。300萬靈光能量度以下是投胎為動物，而400萬靈光能量度較300萬能量度的更能投胎於富貴人家，有的貴不在財富而是在精神層次。覺魂能量若是主魂能量的一半，那較高的覺魂能量，自然天生較聰明，人生運勢也較順遂。當動物在吃睡之下，靈性能量在體內的循環而增加能量，又加上沒有頭腦的偏私邪惡來消耗主魂的能量，促使主魂能量快速增加而回到300萬能量度以上。

七、真實的我假我和他神

真實和理智的我

「真實的我」就是靈性良知的我，靈性是靈魂的本性，良知是不假思索良善行為的表現。靈魂不死，祂是永遠存在於天界磁場，這就是靈魂光的真理實相。「真實」就是無形的靈性，是頭腦的意識無法到達無意識的靈性。人死亡之後，先天魂立即回天界。所以，無形的靈魂就是真實的我這才是「實相」。有形且會毀滅人的身軀卻是「虛相」，而意識覺魂在人死亡之後成為鬼魂，因為後天魂上不了天界；一樣的道理真實的愛存在於靈性當中，與頭腦認知的真愛是有所不同的。

「純真的我」就是覺魂頭腦純正的意識氣，也就是有修心養性的善人孝子，不會偏私邪惡的人。所謂的「正氣破萬邪」所指的也是純真意識的我。「純」的意識氣是不受到外靈雜氣的影響，若是在先天氣道裡存留了意識夾雜外靈的電波頻率，這個人就已經是非先天自然體 (要修靈魂真氣必須先使自己恢復到先天自然體)。「不純」就有負面的人性，很多人身上都潛藏著「惡魔的尾巴」，它是無形的暗藏在人心之中，邪惡很容易就能夠戰勝了純真。古時候的人意識單純，修的是純的意識氣，也保留了先天自然體，而有所謂的「意識神通」能力的開啟，它也屬內道靈修。(外道指的是修到外靈雜氣得到的他神通)

「理智的我」就是正常的我，一般人的著重在是非對錯、公平正義、競爭向上、我贏你輸、權力慾望，是在正面和負面的思想之中不斷的平衡，當其體內的外來靈體數量還不太多，因而尚未受其立即的影響。則可以扮演社會上、生活上、公益上、職場上的各種角色與人們正常的溝通。當然，這和個人的修心養性、環境教育、情緒控管、累世習性的影響都有密切的關係。如果相對於靈性是「真實的我」，那腦覺魂意識氣所構建出來的我，那就是「假我」。沒有錯，每個人都披上華麗的外衣和言談，你猜不透他的心或真面目。

自我執著和貢高的我

在現實社會之中人與人之間的來往很容易發現有些人自我的防衛心很高，不小心的碰撞或是一句言語就會引來不悅或衝突。所以，要知道每一個人的「我」，高度是不同的，就如英文字母的 I，你面對的這個人是幾倍高的「I」，這樣可以減少冒犯和道歉。原來尊重他人就是要認清保有他人自我的高度。

宗教都是在教人修心養性的，在上帝之面前人們學會了謙卑，所謂的謙卑就是免於自大或驕傲，對形而上的事物，對平等大同的靈魂光(每個人都具有靈魂)，只要不自以為是的知道或自大(來自意識頭腦的認知)，且降低自我的高度而以大眾利益為先，那就具謙卑的態度了。以佛教而言，引導人們走進內在的靈

性，首先就是要去除頭腦意識的自我和執著。靈性講空性的無我，然而，人沒有自我怎麼活呢？其實，「無我」不是沒有自我而是沒有我執，靈性沒有執著，也沒有意識的是非對錯，而是良知的自然，也是靈魂本性的自然。所以，宗教的修練容易陷入重用意識修練，而無法進入內在靈性的修練。

靈性的修練在修什麼呢？那就是「心性自然」，心性是靈性的指代(不等於靈性)，頭腦意識無法到達無意識的靈性，所以不能以意識去改變靈性，而是以「道法自然」宇宙自然運行之「道」，來開啟恢復靈性的自然。如何開啟和恢復呢？進入「大道靈性模式的修練」，要心性(靈性)自然了，才能映照至腦意識而使意識自然。

一般人的修心養性或經由宗教的洗禮，有些人所展現的無私大愛，服務奉獻，都是來自其靈性良知，靈性就是自然的本性，良知就是不經思索的行為。就如社會工作者面對弱勢人們的天使心，傳教士服待上帝的奉獻心，他們都具有天生的願力，秉持著沒有動機的熱情，沒有目地的活力而「去做就是」。所以，他們的志業就是修練。在高靈商的基礎上，「做就是修」使自己的靈魂光能量、境界不斷的增長。

非理智假我和他神

為什麼會有「非理智」的我跑出來？如果說意識是「假我」，

但還在理智的思考範圍之內但卻陷入了偏私邪惡的範疇。如果將人的負面情緒擴大，鎖控行為的是「他靈」。還有自稱其能幫助人的「神靈」，到底是「他神」？還是「外靈」呢？什麼是「靈」和其靈力的影響？

一、「靈」是「靈魂」：自己的主魂，祂是良知、大智慧、卻受到不純的意識氣所遮掩。於是真實的我不見了，取而代之的是不真實的我，那就是意識的「假我」。

二、「靈」是「鬼魂」：更有甚者被外來靈體入侵所產生的靈擾，啟發因果真病 (疑難雜症無藥可醫)，擴大負面思惟 (憤怒、悲傷)，鎖控人的行為 (傷人、傷己)。

三、「靈」是自稱為「神」的靈：但是天上的「神仙聖佛」要來人間也要投胎為「人」，如果你請其降一道庇佑的光，也要有能力到其磁場拜訪。所以，許多能量較高的「外靈」(他神)被人們供奉，並認為其是具有「神格」，但其卻是後天的鬼魂，無法上到天界的。

「病態的我」就是「心理」不健全的我，非理性、反社會人格、情緒化、抑鬱症、霸凌者等等。這在社會上人際關係的親疏和生活上造成很大的困擾。身心靈的全人健康，身體的健康是受到心理是否健全的影響，心理的健全又受到無形「鬼靈」的影響。憂鬱症也是受到「他靈」的影響，嚴重的走上自我了結的道路。

幻聽幻覺的病症發作時,「他」已經取代了「我」。

「靈擾的我」就是敏感體質「感應」特別強的人,或是具「陰陽眼」的人,陰陽眼西洋稱為「鬼眼」,可以看到無形的事物,大多是累世中陰陽氣徑被通氣了(約百分之三的人口),因而有此功能。由於其竅門容易開啟而感應接受到許多的外靈雜氣,這個敏感會影響其身體自小較為羸弱,但只要學會「有感沒有應」就能減緩其干擾。有些人或小孩情緒太過竅門常開,或遇到重大事故意外,突然間就被打通陰陽氣徑,於是各種的「靈擾」所造成的失序接踵而來。若知道自己是敏感體質的人,則是要加倍的「修心養性」。

「被借體的我」就是身體是收音機,可以收到靈界電台的頻率聲音。這就是「通靈」。「靈媒」和「乩童」的通靈都是這個原理。人身體的感應竅門能夠調到其電台的頻率而相通(連線),基本上身體之內已經存有這個外靈的頻率,而不只是暫時的外靈附體的通道。所以,這些人的修心養性要更好,且以「靈力」服務他人很好,但最好不要有服務的價碼而是「無賞」的。有些乩童當初被抓乩的時候是抗拒的,被借體是無奈的,服膺於所謂的你手握「令旗」就必須為「神明」(靈) 工作的宿命。

「失心的我」就是失去理智的我,展現自我毀滅性走向極端的人格,這就是有些微「精神急症」的表現,自己做了什麼事都不知道,而是來自內在(他)的聲音和指令,但無力抗拒的還是去

做了；許多人都有經驗，本來預計好要如何做一件事，可是一緊張、恐懼，卻好像被催眠般的，選擇了極端的，毀壞的，後悔的，躍躍欲試，非理智的去做。事後才覺得「我」為什麼是選擇這樣做呢？付出慘痛的代價之後，還無法知覺怎麼會有一個「他」的存在呢？有一位博士由教職退下來了，由於憂鬱症最終導致有時精神會發作，在藥物的控制之下，待人處事都很正常，談什麼事都很有教養條理，可是當其獨自出門去，會去簽約購買了一個預售屋，他卻說他沒有做這回事，其家人真是防不慎防。

一般外靈雜氣會侵入人體的就叫做「惡靈」（負能量），三年以上就有了外靈根，而成了長期的寄生戶。外靈就是人的覺魂於人死亡之後形成的，其能量約是一百多萬靈光能量度（最高是此人靈魂能量的一半），寄生人體是獲得能量的最佳捷徑。只要其較此人腦覺魂(約一百五十萬度左右)高的能量(如兩百萬度)就可以讀取和影響此人的思想或鎖控其行為。所以，隨機殺人事件，大多是受到內在外靈(他) 的指令。自殺的人，其內在有個聲音一直反覆著在「催死」，甚至於引導其到某個地點。(以靈學而言，自殺的人將多世轉生為畜生，這是上天的慈悲，避免其輪迴繼續走上嚴重傷害靈魂光的道路。)

「多重的我」就是「精神思覺失調」的病患，其行為的異常是受到內在外來靈體的主宰。有一位病患說我體內有四個人，各有他的名字，偶而發作的時候、摔東西、力量極大，都是他們在

主導。有一位病患說,他叫我將父母殺掉,我說不可以,當我開始用拳頭打擊牆壁,我家人就知道又來了。有一位病患偶會發作,打爛了家裡的所有家具,有時自己會笑,說是有人在講笑話給他聽。有一位小學生,每次考試成績都很差,他說答案在平常都知道,可是考試時有人就在耳邊亂教,要照他的寫。而其有到處跪拜的行為,當有人告訴其家長,才知道事情嚴重了。

我的光譜

在「我」(真我—假我—他我—非我)的「光譜」(白色—白灰—灰—灰黑—黑)當中,真實的我(靈性)、純真的我 (純意識氣)、理智的我(意識、假我)、病態的我(心理、心病)、靈擾的我(外靈干擾)、被借體的我(他靈通)、失心的我(被他鎖控)、多重的我(思覺失調、精神病患、非我);一般人是存在於理智(正常)的我之中。「靈修」就是從「正常的我」修心養性進入「純真的我」,最終恢復到靈性「真實的我」,所謂「恢復靈性本來真面目」。

佛教也教人們去除「執著」到達心性自然,去除「自我」到達無我,到達那靈魂空性「真實的我」。然而,疑難雜症的「因果真病」,許多是被外來靈體所啟發。而精神疾病可以稱為靈性急症,那更是受到外靈的操控。他們的目的在讓寄宿主早日死掉,他們才可以離開。(一般的靈是為「善靈」,只要侵入人體和影響人的命運的稱之為「惡靈」。)

「異常的我」包括了心理病態的我，靈擾的我，被借體的我，失心的我，多重的我，皆進入失去理智或被催眠的狀態，都是不真實的「我」，而是有「他」。這些與外靈長期抗戰的過程也就是靈修的部份，進入大道靈修，首先就是淨化、增加自己的靈性能量，加強修心養性，避開不良氣場的人事物。至於，多重的我的精神病患，時好時壞是無法痊癒的。

當你面對一個人，你要「感應」到他現在表現的那一個「我」不要刺激他的情緒，他馬上會連線而出現另一個「我」。如果自己有兩、三個我，對方也有兩、三個我，在應對之中自己要「察覺」。當有人敲門的時候，是哪一個「我」跳出來應門。應對是意識能量的交流，沒有人要用自己乾淨白色的「氣」去跟他人污染黑色的「氣」做交換。有一靈力者透視兩個吵嘴的人，他倆還未大打出手，其頭上的兩股氣已經攪在一起了。

「大道靈學」就是以靈力來協助受到靈擾的人，雖然說，有關靈性的事物都是自己的事，但協助是必須的；靈性是用體驗的，沒有知識的傳承，能力是要能做得出去，只要去做就是（佛的境界不是修出來的而是做出來的）；修心養性是所有修練的基礎，進入「大道靈性的修煉」，開發出「第三眼」的靈力可以幫助眾生：去除因果、竟除外靈、能量境界不斷的提升，最終可以出脫輪迴「返源歸宗」。

八、真實快樂與靈性自然

　　一般快樂的認知：快樂是一種感受良好時的情緒反應，一種能表現出心理狀態的情緒。而且常見的成因包括感到對健康、安全、愛情等之滿足。快樂最常見的表達方式就是笑。快樂與幸福的區別在於，快樂常指個人的、短時間的情緒感受；幸福則涉及到與他人、家庭的長期正面的交互過程，以及對事業、生活發展的積極的體驗。

真實的快樂

　　馬汀・塞利格曼（Martin E. P. Seligman）賓州大學心理系教授，曾任美國心理學會（APA）主席。他被尊為正向心理學（Positive Psychology）之父，著作包括暢銷書《一生受用的快樂技巧》、《真實的快樂》和《改變》等十本書。正向心理學（Positive Psychology）指出正向情緒的特質和策略，告訴你如何培養「真實的快樂」，如何更常感受到這種快樂的心情。過去心理學多半重視心理與精神疾病，忽略生命的快樂和意義。塞利格曼博士希望校正這種不平衡，致力於利用對疾病與痛苦的研究，帶出更多關於正向情緒與個人特長和美德的知識，幫助我們追求真實的快樂與美好的人生。

　　正向心理學探討與研究那些成功又快樂的人有什麼共同的

特質，從這些人的例子中，他發現快樂其實可以分成三種層次：活。但多數人只知道第一層。

　　快樂的三個要素：第一、接受自己生而為人，是具有喜、怒、哀、樂等「情緒」的。第二、快樂端賴於「樂趣」與「意義」兼而有之。因此，個人應該要從事樂趣與意義兼具的活動與工作。第三、謹記快樂源自於個人的「心靈狀態」，而非身份地位等外在條件，所以如何對外在事件進行詮釋，乃是關鍵。

　　邁向快樂有六大妙方：除上列三項之外，第四、生活儘量「簡單」，不要複雜，更不要過於忙碌。第五、身心息息相關，因而需要有定期的「運動」、適當的「睡眠」，以及良好的「飲食」習慣。第六、盡可能表達「感激」，許多美好事物的獲得，並非都是那麼的理所當然，所以要學會欣賞，並表達感謝之意。(以上是節錄自《真實的快樂》)

　　什麼是「心靈狀態」呢？「心」是意識心理的認知，「靈」是靈性自然地顯露，可是心和靈、外在和內在、情緒感受和良知自然，人們似乎無法分開而是合在一起以「心靈」一詞來表達。當人活在感官的世界中，必定會追求感官所帶來的快樂，但是那是屬於向外物質追尋的「快樂」，當人們一直這樣做時，只會養成重意識對外追尋的慣性，而忘記了還有內在本有的「喜悅源泉」，它不依賴外在事物的好壞存在，它一直存在於你們的內在，等待你們去挖掘它，並將它擴展到你們生命的每一刻，這也是你

們靈性提升驗證的一個標準，靈性程度高的人，了解到外在世界的因緣聚合，所以不會過度的執著和自我，因為焦點不聚焦在外，也因此能夠向內觸及到內在那豐盛喜悅之源(靈性)。喜悅泉源就在靈性，靈魂在天界是以「光」的形態存在，光就是能量，當寄託在人體之內則以「氣」的形態存在，稱之為靈魂真氣。靈魂的能量泉源就是靈魂真氣，祂具有感應的能力，也存在個人的轉世紀錄(轉世輪)，其死、傷、病劫和習性卻影響著這一世。所以，真實的快樂必須是來自於靈性。

然而，以靈學而言，「真實」是永存的無形靈魂(靈性)寄託在天界磁場，祂是不會被毀滅的。「非真實」是意識認知和有形人的身軀則是會毀壞消失的。真實的快樂就是要與內在靈性的連結，就如真實的愛與頭腦意識的愛是不同的。實相是靈性乃「無意識」的，無所謂的喜悅與快樂，其實這些都是頭腦「意識」所認知的投射。但在靈學真理的基礎上，有靈魂主體的存在，就很容易區分頭腦所謂的心和靈了。

靈性真實的快樂

既然與靈性連結的就是真實的快樂，靈性就是靈魂的本性，靈性良知的自然展現就是其本然。靈性是沒有目的和沒有條件的，是不經思索的良善行為，是給予和利他的。所以，無意識的靈性「祂」沒有快樂，也沒有不快樂，而是一個恆定點，在靈魂

的空性裡頭,「靜心」(meditation) 就是一個快樂恆定點。一個人打坐就是為了靜心,他的喜悅在其中,但卻無法去描述,如人飲水冷暖自知。這就是頭腦的思維情緒,卻無法到達靈性的感應能力,真實的快樂就在靈魂真氣的感應能力之中。

快樂心來自於一顆感恩心的品質,感恩的心來自對天地的謙卑,謙卑才能空心,空心才能回到靈性的原點 (空性),大智慧才能開啟,真實的愛在其中。所以欲快樂要捨得、能放下、記得每天多微笑、知足感恩、善解又包容、滿心喜悅跟著來。多放下一些忙碌、壓力。多給自己一些放鬆、愉悅。多摒棄一些主觀、計較。多學習一些包容、謙讓。修心養性是靈修的磐石,而以靈修者的觀點,首先能做到下列的四點:

謙卑－對無法了解的天地及無形精神懷抱著一顆謙卑的心。知不知上,要承認自己對無形事物的不知道,不要不知知病,不知道卻強以為知。頭腦意識都是自以為是的人定勝天,其實「主魂」才是主人,「腦覺魂」只是今世的僕人,後天的覺魂在主魂離開之後,無法上天界而成了鬼魂,這才發現見到先天魂的靈魂 (主魂) 或天神是要下跪低頭的。腦覺魂臣服於主魂就是謙卑,因而謙卑對人事物是敞開心胸的接受,沒有評斷且來自於良知。

感恩－身邊所有事物的支援都是上天給的因緣果報,所以要心存感恩之心。善人孝子,凡事沒有偏私邪惡,要有一顆善良的心。幸福就是懂得放下、活得簡單,知道靈性的質樸更勝於頭腦

的真誠，善念的種子開展正面的力量，能有靈性覺知的活著，所有事物的發生不是沒有原因的，感恩善業累積的福報，將在靈性能量和境界之中成長。

成長－生命的意義在靈性的成長，這是人生的方向創造了人生的意義與價值，人死亡時地位、名譽、財富都不能帶走，唯一帶走的就是靈性的能量與境界的提升，生活處處是道場，生命的過程是提供了靈魂磨練的機會，靈性修行就是在使自己靈魂光成就，使腦覺魂成熟，更在幫助眾生清楚生命的真相和意義。

分享－幫助他人靈光的成長，重於財物的佈施，分享是由真實的愛所展現，正面力量的發揮來自靈性真實的愛，分享是將這「大道靈性學術」介紹給他人，將靈魂的真理實相分享給他人，將真實的愛分享給他人，除了「靈力」的顯化之外，大道「光」是用傳燈的，光從這盞燈點燃了另一盞燈。所以，另一盞燈也要準備好可點燃相同感應頻率的燈芯。

靈性的自然和無意識

「自然」有不同的觀念，大多直指靈性「自然之境界」。「道」是宇宙自然運行的法則，「靈魂」存在於天界磁場，道法自然、靈性自然都是其本質。所以，「自然」是不依人存在而存在。凡事當(人)頭腦意識的介入，就容易造成「不自然」，而本來就存在的靈異，頭腦意識卻認為是「超自然」。

靈性的無意識。在「無意識」之中沒有設計者而是「自然」（道法自然）。許衡山先生說：「現在國內靈修界的專家學者，大部份只要有了神通或感應能力，就可說已沾沾自喜，而以「神鬼論」來渡人救世；立意固善，但境界不高，無法得到世界上所公認與權威地位，使得靈學界的奧妙能力，在國內也無法發揮其功效，甚至於得不到公開的承認。尤其無論是古法之流傳，或現今之中外新祕法學術，仍是毫無任何改變或進展，使之能符合現代人們的需求？」因此，祕法雖多，成就「神通者」也日益增多，但仍無人了解其本身的先天「玄機」，更無法達到「天人合一」的境界，致使人們依舊迷茫地執著於物質觀念，而使一生陷入意識的苦海無法自拔。

未成熟的靈魂光不斷的輪迴轉世，時至今日，由靈魂光的體會真理實相，靈性有一條「大道」的成就道路，修的是無意識的功法，靈性的無意識，一切在自然之中，包含頭腦意識的自然與心性的自然，靈性的道法自然，所有的玄機奧妙都在靈性能量與靈力之中；「太」較大為大，所以稱「太極」，然而「無極」卻包含太極，「無」就是空性，所有的存在都從無中生有。所以靈性的「無意識」，不是沒有意識而已，更是代表無的空中妙有。

意識與無意識其實是無法二分，無形的靈性模式，是無意識的主魂範疇。但在明師現示之後的解讀，就要在意識資料庫裡面去擷取答案，可是在資料庫裡面沒有屬靈的修養，或境界不夠，

是無法正確的獲得解答。所以，意識也是很重要的。無意識包含了潛意識和意識，無意識是根，意識是樹幹，意識的行為是枝椏。以靈性模式相對於意識模式，其實是光譜的兩端。意識與無意識無法二分，靈性模式與意識模式也無法二分，而是樹的根莖枝葉之分，還是同一顆樹。根生病了當然從根治療，樹幹有問題就從樹幹處理，並不是所有問題都從樹根處理。

意識自然與心性自然，執先執後？是相互攀爬的嗎？意識自由、行為自在、就可以到達意識自然嗎？無意識或降意識功法，似乎將頭腦意識這個機器關機了。其實，意識只是無意識的一小部分，醒著時候的部分，當睡著了無意識，所有的意識也都藏在記憶庫裡，暫時不被存取，只有在作夢時，會有片段的不規則組合。「自然」就是沒有主導者，不是頭腦的意識，也不是靈性的無意識，如果說「是」，那就是有主導者了。所以說，靈性的「自然」是來自於這個無中生有的「空性」。

光的修練才能自然「去做就是」

修靈魂真氣才能開啟感應竅門，有救劫的感應能力才能夠去做。有關於靈性的修練，就是光的修練，「光」就是「能量」，在人體之內就是靈魂真氣。然而，未「成道」之人去做什麼事呢？就是使自己以及他人靈魂光的靈性開啟、成長、成熟。以宗教勸人向善而言教人們「去做就是」，人飢己飢的感召精神，就可以

開發出慈悲善心，而發揮人類的大愛。然而，以靈性學術而言，「去做就是」是要使人靈魂光的靈性開啟、成長、成熟、成就。首先自己的靈魂光修練已經開啟，並且靈性的「能量」增加「境界」提升了。當你立下了「大願力」然後有能力「去做就是」。只要幫助一個人的靈性成長，雖然是沒有條件目的的，你的靈性無形之中已經進階了。

　　靈性是無法以知識傳達而是「體驗」，無法以語言溝通而是「感應」，無法規劃而是「自然」。我們都知道「心性」上天的標準，不在是非對錯而是自不自然？而心性自然了意識也就自然了，所以，做事不要「執著」在自我的是非，若能夠「放下」就是「自然」，而要能夠放下就是要沒有得失心，有目標沒有目的、條件。「有」、我要、執著都是頭腦的，而許許多多的「沒有」，就是在靈性的無意識狀態之下，靈性能量放鬆流動的狀態之下。

　　靈性能量的成長，可以從能量境界看出，而成熟與成就呢？「成熟」就是靈性能量到達一千兩百萬靈魂光能量度以上，是金黃色外加三圈七色彩虹光。「成就」就是三魂都可以到達一千兩百萬靈魂光能量度以上，如釋迦摩尼佛的一炁化三尊(三身成就)。大道靈性修練，就是靈魂光能夠從未成熟而到達成熟的境界。

　　辦「上天的事」不能用人的想法去做，把「人」的想法從頭腦抽離，也就是代以「靈性」的沒有目的，沒有條件的「去做就

是」。把人的「執著」放著一邊，讓心自由，沒有追求完美，沒有行為不自在，而是自自然然的「做了放下」；如果面對「上天的事」，也就是靈性的事，幫助他人靈性成長的事，就要有能力去承擔。只要「去做就是」，在這過程就會有創見及成長。但要記得沒有目的、條件，沒有我執也就沒有自我的意識堅持，也就沒有完美的標準與追求，只是去做在無形中就會增強自己的權能，但記得做了放下，離開這裡就不再討論與聯想，因為「真實的愛」是來自靈性，讓靈性能量上來突破腦意識氣，而不用人有「我的想法」去做。

當「我要」時就刻意創造了心理坑洞，當我計畫「應該」怎麼做的時候就設下了條件，一切在刻意、應該與排斥、拒絕的兩端都是不自然的。自然就是不追求「公平」沒有計較，不追求「完美」大成若缺，就如「蘋果」咬一口的商標（APPLE）卻代表著創新的動力。沒有「目的」就不必填補心理坑洞，沒有「條件」就沒自我的意識關卡，「自然」的去做就是不要給自己設限，當自己不是自己(我)名子的時候，頭腦的我就不見了，意識堅持原來是自我的自以為是，想要求一個虛名地位的自我而已。

試看周遭的修行人，最後的磁場特性關卡都展現無遺而跨越不過，因為理事二障還都一直在打結，我要、應該、公平、完美、表現、意識、目的、條件、因而取代了對人的性靈對待，也就是那個付出時間的溝通、關懷、陪伴的愛。所以最大的察覺「去做」，

是沒有刻意去做，當什麼「都可以」的時候就突破了自己的理事二障，突破了自己磁場特性的關卡，不說、不聽、不看但一定要有體驗，如果沒有體驗，做與不做都是一樣，甚至於深陷於意識泥淖還更糟糕。

綜合《自然的觀念》的敘述，心靈至少創造了自然的一部分，是自然的第二性質，把自然中質的歸結唯心靈的作品，自然作為一個整體是心靈的作品；人類心靈，是一個先驗的自我，即所說的精神能力或純粹的知性。知性它造就 (make) 自然，但不創造 (create)自然；人是心靈的載體，黑格爾把理念設想為某種本身真實的東西，不以任何方式依賴於思考它的心靈；因而，心靈是包含著知性和靈性，沒有思考的心靈，就是靈性。所以，以靈性學術的觀點而言，靈性是靈魂的現示，一個靈魂是一個小宇宙，精神生命的底蘊，靈性(心性)卻是映照來自宇宙的自然。

繼而肯恩‧威爾伯在《靈性復興》書中指出，靈性以客觀方式認識自身時，化現為「自然」。靈性以主觀方式認識自身時，化現為「心靈」。心靈（mind）浮現，它便可能真的去壓制自然（nature）。自然往內來看，自我（ego）也可能壓抑原我（id），就像心靈壓抑自然一樣。若要真正整合、統一心靈和「自然」，還需要另一個中間項，當然就是靈性，要超越自然情感、要超越心靈思維，只有靈性有促成徹底整合的本事。

心性的提升與能量之關係，萬事萬物皆為能量，歸根究底一

切都是能量。然而要知道，能量高的人心性也要好，能量提高了心性卻不好，則容易吸附更多負能量，負能量囤積多了運勢就不好；所以運勢要好，就要有更高的心性修為。如何增加能量的方法很簡單，除了修養心性使心腦定靜之外，就是勤練「先天啟靈法」，以消除因果病痛，增加主魂精神靈光的能量。

靈性自然修行（the practice of spirituality nature），就是在恢復靈魂光的本來真面目，那個無形的存有（being），在身體健康、心理健全的基礎上、尋求靈性的成長。而心理由情緒的心平氣和著手，性則由心性著手。心性是什麼？就是靈魂本質的自然，也就是佛家講的空性，相對於頭腦的二分法以及意識刻意的不自然。

修行（practice）是在生活的點點滴滴，人與人之間磨勵的功課。然而，自然是一個過程，是一個順性而為的體悟，體悟到自己靈性的境地，那個可以不斷提升的自然境界。這樣修心性的自然，也沒有所謂的造業與消業，因為業力系統是屬於頭腦意識的範疇。所以，靈性修行首先要開啟自己的靈性，然後，從意識模式進階到靈性模式。修心養性則可心平氣和，修養心性則可心腦定靜，修「靜」不在頭腦的安祥或打坐，而是在如何使靈性能量流動，由其所展現出無心寂靜的品質。

謙卑踏上靈性的道路—人生是靈魂修煉的道場（處世篇）

九、個人智慧與命運因果

「相關」誤為「因果」的繆誤。正相關是對稱關係,是甲和乙正相關,乙和甲也是正相關,但「因果」關係絕不是對稱的,甲是乙的原因,乙不必然是甲的原因。例如,服毒是死亡的原因,而死亡絕不是服毒的原因;「以先後定因果」探究因果關係在實踐上有重要意義,如果我們知道了原因就能通過產生他們來產生預期的效果。但是探究「因果關係」並不那麼簡單,人們往往在這方面犯了很多的錯誤;在這個之後,所以是這個結果。兩個現象相伴隨出線能否做出有較大可信度的假說?不能。因為有先後關係又有因果關係的蓋率並不比有先後關係而無因果關係的概率高。例如:頭昏之前在飯館吃了兩個饅頭。所以,以先後定因果,但「相關」不等於是有「因果」關係。

個人的「命運」是掌握在個人的手中,端賴個人「智慧」的選擇。如果有累世的因果影響今世的人格習性、疑難病痛,都是可以在今世修心養性等的突破因而不受其影響。如果有外界因果如無形的干擾,也是可以經由大道靈性模式的修練而竟除之。所以,因果非定數是可以改變的,人的命運更是非天定。

命運與因果論

命運與因果論,人類以血統、生活、語言、風俗、習慣、膚

色、外形等因素,分成了許多不同的種族,但其間卻有許多相同之處,如孝順長輩,對上古時期的傳說,及對鬼、神的敬畏等。雖然每一個民族,對神、鬼的敬畏,或對祖先的感念,所表達的方式不同,但其心態卻是相同的。大家都相信,人活在世間時,行善助人,死後可以升到天界享福或成神,若為惡就得下地獄受刑罰,在投胎轉世時,則依其再世時的功過來判其投胎為富貴人家,或降生在貧苦人家,再差的甚至轉世投胎為畜生,以此為警告世人千萬莫為惡,更不要認為做了壞事沒有人知道,冥冥中你的一言一行,皆會對自己的未來造成某種程度不同的影響。

　　一般說法,一個人在平時修心養性,誠心禮佛,正心行善,在死後其本人的靈可升到天堂享福,且其後代子孫並可受到餘蔭,而享受富貴的果報。但有時發生的結果卻是出乎人們的意料外。有積善行仁之家的後代,得到不應有的報應,或發生不測。於是人可能有會說,此人其實明處行善,暗中為惡,而躲不過老天的也明察。可能有人說,此人是前世為惡,業障太重,即使今世行善,也不足以洗清前怨,須三世受苦,才能消除其罪業。還有的或夫妻不合,子女不孝,也會被人說是前世所欠下的債,今世來還債的。或有被朋友所害、或發生意外,也會被解釋成前世的業障,今世該償其債,以今世的果來了前世的因。

　　可是這諸多的說法,只是一種勸人行善的說詞,無法證明確有其因而導致其果、或現在所造成的因,在何時定會生成何種的

果，所以當聽到有人談論「因果報應」，只能姑且聽之了。然而這勸人行善的說法，並非沒有效果，由於對人們因果報應的畏懼心理而改過向善，卻也能達到潛移默化之功效。然而現今社會進步快速生活享受提高，使得人們的物質慾望也不斷的提高，造成大多數人的言行舉止，受到了意識魄力的支配，有時明知不該做的，卻為了一己的私利、或逞一時之快，而做了違背良心的事。雖然絕大多數人在事後也會悔意，但通常人在做錯事或做壞事後，都是第一次心中會悔意、難過，但為了達到某種慾望，第二次就比較容易了，心裡的悔恨也會減輕，到了第三次就變得容易了，心理上有時已沒有愧疚感了，再接下來就成習慣而理所當然了。而人在這種情形下，什麼因果報應，什麼舉頭三尺有神明，早都忘光光，甚至勸他反而會受到他的嘲笑。而由於這樣原本很單純，個人尋求慰藉的因，甚至會演變成社會問題的果。所以目前，以來因果論勸人行善的說法，回饋的效果並不大。

　　因果報應這是有的。「因」就像種了一粒種子在土裡，而日後的行為會對所種的因有所影響，就像照射的日光和灌溉的水一樣，使會這粒種子生根、發芽、成長、開花，最後結出和最初種在土樣裡一的種子的果實來。雖然一粒種子長成的樹，再結出的果實，一定超出許多倍以上，然而所結的果實是否豐碩，要看這顆樹是否茂盛？而這顆樹是否茂盛，要看它在成長的過程中，灌溉是否辛勤，照顧是否周到，而最重要的，還要看種在土裡的那

一粒種子，是否健全。如果種在土裡，是一粒發育不全，或已遭蟲蛀的種子，那麼這粒種子很可能會在土中腐爛，根本無法發芽長成一顆樹，即使是能生根發芽，也很難長成一株壯大茂盛的樹，更別結想能出一樹豐美的果實了。以一般的常識來看，種什麼因，就該結什麼果，可是為什麼有時會有意外的情形發生？有人說這是上輩子沒積德，或是做了什麼缺德的事，所以這輩子該遭此報應，不過這只是負氣或認命的說法，其中有太多的無奈和不滿，太過於消極。

命運非天定

實際上，人的一生，命中注定的只有三分，運勢起伏的影響佔了七成，人的作為可以改變運勢的起伏。一般人認為命是注定的，佔了七成，所以一生的運也受到先天「命格」的支配而起伏，即使有所改變，也影響不大。常聽人說：「生死有命，富貴在天」，其實是不正確的觀念，尤其現代人，應該有「一切操之在我」的觀念，才足以應付我們所處的這個瞬息萬變的時代。

既然人的運勢是自己的行為所可以左右的，一個人的成功或失敗，就不該歸於命運，而這種理論，其實在命相學上，也有類似的說法，即「變數」會改變命運的說法。而所謂變數，就像在種甲果樹上施行接枝法，接上乙種果樹的枝，結果可能會長出不像甲而接近乙的水果，或較具有甲種水果優點的水果，也有可能

是同具時有甲和乙兩種優點的水果,而造成多種不同品種水果的變數,也就是「接枝」。

如果以人的行為做例子,有許多人仍有重男輕女的觀念,都想生兒子,如果連生了兩個女兒,有時會找人算命,看看命中有幾個孩子,有沒有兒子,而這其中就常涉及所謂「變數」的問題。以無形的「因果」來說,此人命中注定應該有二子二女,但是如果他們夫妻之間,有任何一人去做了結紮手術,那可以肯定他就只有二女沒有二子了,而結紮手術就是一個變數了。以上這兩種情形,是針對個人所產生變數所造成對其命、運的改變或影響。

還有一種非個人力量所能左右的變數,也會改變一個人的命運,例如一件公共意外的發生,如大樓的失火、水災、地震、交通事故等都是。在這類大災難中的每一個個人,並非都是命不好,或運不好,命該遇上此劫。比方說一件車禍,一輛車中有四十位旅客,在意外發生的車禍中,死亡二人,重傷七人,輕傷二十人,這二十九人的命、運並不是不好,或一定做過什麼壞事,但所造成這件不幸的意外的原因有很多,可能是駕駛的疏忽,也可能是車身輛本的問題,也可能是別輛車的駕駛不遵守交通規則所造成的,但不論其原因為何,對受傷的乘客,都是不可抗拒「外來的變數」,亦就是飛來橫禍。也有人會說,如果不搭這班車,就不會遇上這件事了,但這部車會遇上這件車禍,並不是任何一個人願意的,只是由於這無法預知、無法抗拒外來的原因,使這

四十個人所存在的環境，發一生了次意外，而這次意外對這四十個人來講，定會造成輕重不同的傷害或影響，而這就是「變數」。

還有一種比喻，一個人的命，就有如你有一輛自行車，命好的，是一輛新車，命不好的是一輛舊車。如果運好，不論是新車或舊車，都能暢通無阻地行駛在平坦的大道上，若是運不好的，就像走在崎嶇不平的山道上，即使是新車，也要受盡顛簸，而且一不小心，還會把新車弄壞。但是如果命不好，運也不好，即所有的是一輛舊車，走的又是凹凹凸凸的羊腸小徑，那怎麼辦？難道就任他繼續下去嗎？不，西洋有句俗話；「條條大道通羅馬」，這時應該先停下來，冷靜地觀察情勢，分析自己的能力與面對的問題，再來脫離這羊腸小道，重新選擇一條平坦的大道來走。相信這種說法，是每個人都能接受的。

所以，「命運可以由自己創造」這句話，很有道理，很科學的。一個人相信他命好，而不努力，只想著自己命好，而等待著天上會掉下財富來，就算真有那麼好命，天上所降下來的財富，也會被勤快的人先得到的，西洋有句諺語：「早起的鳥兒有蟲吃」，也就是這個道理。以一般的命理學，可以推算出一個人大概的命與運，但本身的作為及一些變數 (突發的意外事件，或外來的阻力等)，都會發生影響，使得運勢改變，而使得命也有了改變。

智慧的選擇

　　靈魂光的真理實相闡明了人身軀內磁場的運作。人有三魂(主魂、覺魂、生魂)有三個磁場，人出生剎那靈魂光從頭頂靈台進入身軀，經中氣脈到心窩處主魂磁場寄託。由主魂能量開始培養腦覺魂磁場的成形和運作。覺魂磁場的能量度最高是主魂磁場能量度的一半。所以，靈魂光較高其所培養的覺魂(頭腦)的能量會較高。比如主魂四百萬靈魂光能量度所培養的腦覺魂磁場能量最高可達二百萬靈魂光能力度。然而一般人主魂三百多萬度來投胎的，其覺魂磁場最多是一百五十多萬度左右。表示主魂能量越高其「智慧」越高，覺魂能量越高其「智力」越高。這就是先天所擁有的能量和能力的展現。

　　一般人們的認知是生命靠智慧，生存靠智力，智慧包含了智力。以靈性學術而言智慧來自無形靈魂的良知，是靈性能量「靈魂真氣」的感應和境界。而智力是「腦意識氣」的頭腦運作能力。智慧是先天的而智力則屬後天的；人的主魂具有累世的記憶，稱之為「轉世輪」，記憶有死、傷、病劫和習性。這個紀錄的「因」，在修心養性的人生裡，不見得就會呈現「果」。反而是沒有修心養性，情緒使竅門開啟而引進外靈的「因」，啟發了累世因果劫數的「果」。人們的修心養性與否，這變數改變了此人的因或果。所以，靈性學術不主張有一定的因果定律，端賴個人智慧的選擇。

內外因果的無形干擾而影響命運

　　靈學妙法真理是於無形層面的靈體與靈物,靈的生命本是一點「靈光」精神,祂是無有軀體肉身或能意識處事的靈體生命,但祂類似現代科技時期的電腦,可把祂歷經的來往去處之因果,統統記載祂靈光生命能量中,而留在地面上「孤魂野鬼」(覺魂)的靈體生命,雖然不是從先天界來的條件,但祂也類似先天界主魂能量電腦有記載之能力。

　　先天界「主魂」靈體寄託軀體肉身,為其物質生命的總精源神之生命,如寄託在人身體內,在嬰兒於無意識睡眠期間,培育其腦覺能量時,順著把電腦所記載的「因果」,也輸入嬰兒腦覺能量而記載,生成其主魂生命歷經累世的因果,也在人身腦覺能量同樣「因果」的資料。而今世的人身者腦意識能力所處事之作為,無論是語言、嗅味、或所聽聞、所看見、所記憶與觀念思想,以及意識學術專長人和生旅程中腦智力所處世的來往去處等,都成為今世人身腦覺電腦所記載的「因」源,而其主魂能量的電腦就無法去記載,除了人身物質死亡時,其腦覺能量須以離死亡六小時間,把今世所記載的「因」源,傳真於在先天界磁場寄託的主魂生命靈體記載,等來世再生時就有「祂」前世的「果報」。

　　以「天眼」透視能力,可觀察得到「主魂」能量的片斷腦記載。如在其累世的物質軀身生命之壽數,其壽數的因果會影響今

世人身者之劫數；若是在累世中，軀身被破壞或殘廢的記載因果，今世人身體的康健，也會被其「因果」於無形中如啟發；果「祂」有記載累世修持竅門感應能力，於今世人身者是具有天生所帶來竅門（感應能力）容易啟發之因果，和跟「靈界」的探討追尋之觀念，有極重的緣分與興趣。

假如在累世中的竅門能力，有歷經渡人救世的神、仙、聖、佛的因果，今世在修持中而生成靈修之人才。所以世界上的人身者體內，都具有其累世暗藏的潛在因果，於是人身體內「內在」潛在因果的暗藏，與「外在」因果的「二重」無形層面之使然，來干擾判斷今世人生旅程之命運。

由於人身體內的玄機能力，是供給於無形精神靈氣所行走的專利條件，有滋養肉體生機的先天氣徑，和「大智慧」的六識竅門感應能力，而無形精神的靈氣內在因果；有「主魂」真氣；「腦覺」意識氣；「生魂」心識氣等在人身三魂精神的靈氣。於「外在」因果無形的靈氣；有先天界靈體的真氣與天界磁場能量頻率之真氣；和留在人間旁另一世界孤魂野鬼的靈體與濁氣；及高能量厲鬼、魔鬼、惡神、魔神的靈體與其含有「因果」毒素之綠色光體的「濁氣」。因此人身者的腦憶智力有限之範圍，和意識肉眼看不見的靈體與其靈氣之存在，以及修持腦覺能源「意氣」的密法過程，就在無形精神的多種靈氣，於內、外因果無形中之干擾，就會影響自由潛在因果被啟發壽劫的定數，和命運、事業遭

到其考試。（以上部分節錄自《能量療癒》第一章)

十、輪迴轉世與業力法則

西方學界對「輪迴轉世」的研究

「輪迴轉世」在歷史上曾經是一個普遍認同的常識,因為每一個人的生命都是如此而來的,其普遍的程度也就到了無以復加的地步。那些歷史悠久的印度教、佛教和道教裡的經典,也只不過是如實紀錄這一事實而已。西方猶太教和基督教也都認同這一事實。比如基督教歷史上最有影響的《聖經》學者奧利金 (Oregin, 185-254)就是輪迴轉世的積極宣傳者。但在公元五五三年五月的一次教會會議上,當時的拜占庭皇帝查士丁尼一世 (Justinian,485-563) 利用王權撕毀協議,在教宗拒絕出席的情況下,發起對奧利金的指責,點燃了近一千五百年來反輪迴轉世的野火,成為後來許多基督徒不信輪迴轉世的始作俑者。(此段摘自《正見－輪迴研究》李千層一文)

西方學界對輪迴轉世的研究。美國維吉尼亞大學 (University of Virginia)著名精神病學家伊安・史蒂文森 (Ian Stevenson)教授,他用了四十年的時間,蒐集了二千六百個二至七歲孩子的案例,這些孩子盡管很年幼,但他們知道遠在千百里之外的村鎮的具體情況和發生在十幾年前甚至更久以前的事情的細節。很多孩子甚至可以說出其他種族的語言。這些案例的很多細節都被史蒂文森教授的研究小組仔細地確認。其中的一些案例蒐集在他的著

作《記得前世的兒童：關於轉生的問題》(Children Who Remenber Previous Lives：Aquestion of Reincarnation) 一書中。史蒂文森教授還蒐集了兩百個有關胎記的案例，在這些案例中，那些孩子說自己在前世死於被子彈或利器刺穿與胎記相應的部位。這些案例記錄在《輪迴轉世和生物學的交點》(Where Reincarnation and Biology Intersect) 中。

周・維頓(Joel Whitton)博士和周・費捨(Joe Fisher)在一九八六年發表的《轉世之間》(LifeBetweenLife：Scientific Explorationsinto The Void Separating One Incarnation From The Next. Doubleday&Company，Incorporated，October1986) 一書，紀錄了維頓博士對轉世之間的精神世界歷時十年的研究，但仍人一種霧裡看花之感。對轉世之間精神世界研究最為深入和全面的，當屬麥克・牛頓(Micheal Newton)博士。他在為患者治療時，偶然因為一個不確切的指令把患者推入前世，開始了對前世療法的探索。之後，又一個幸運的不確切指令使他發現了更廣大的領域。為牛頓開啟這扇門的是一位中年女性。這位婦女感到非常的孤獨和寂寞，當他結束了對前世的回憶後，牛頓醫師告訴他回到他失去伴侶的根源，他還問她，她是否有一群朋友使她非常想念。突然，這個女子開始哭泣。當牛頓詢問時，她哭訴：「我想念我們群體一些朋友，這就是為什麼我在這個世界上這麼孤獨。」牛頓很迷惑，就問她，她的群體在哪裡。她答道：「在我永久的

家裡，我正在看著他們！」無意之中，這位女士的意識滑入了彼岸的精神故鄉，見到了自己所屬群體中生生世世的伴侶。從此之後，牛頓開始了對彼岸世界的研究。他在實踐中逐漸摸索出了使受試者回歸彼岸的引導和提問的方法，他也發現使受試者回到彼岸遠比回憶前世更為重要。

牛頓的近三百頁的書《性靈之旅》(Journey of Souls：Case Studies Of Life Between Lives. Llewellyn Publications. July1994) 發表在一九九四年，這本書基本上是以先後順序描述人的元神在離開塵世到下一次轉生的經歷，其中很多篇幅是牛頓和入定中的受試者的對話。七年之後，在讀者的要求下，牛頓發表了第二本書《性靈宿命》(Destiny of Souls：New Case Studies of Life Between Lives. Llewellyn Publications. May 2000) 這本四百頁的書記錄了更多的細節，其中的一些受試者是慕名而來解決人生困惑的人，他們的層次比第一本書中的患者一般來說要高一些。

當然，彼岸世界相對於我們這個物質世界是形而上的存在，其時間和空間的概念與我們物質世界截然不同。牛頓的受試者的描述，應該被理解為是她們的現實意識對彼岸經驗的詮釋。對他們來說，彼岸的另外空間才是他們的永久精神故鄉，那個更高能量、更為真實和本質的世界；人的元神是一團放射著智慧知光的能量，又可以變化成在世間的形象。元神之間可以把思維和圖象傳感到對方的意識裡。

生命分屬於不同的群體，他們在群體轉生，在一世又一世中長相左右。對每一個人來說，他的群體的夥伴在他人生中扮演著各種重要的角色，如夫妻、親子、兄弟、朋友、仇敵等。當然，他們和附近的群體也會有各種緣分。在所有的緣份中，夫妻之緣可能是最重要的。談到能量，牛頓還用了很多篇幅描述了一個有意義的現象，在另外空間，人的能量具有顏色，標誌著精神覺悟的層次。從純白色開始，然後紅 黃綠青藍紫依次遞增。黃色以上的生命就可以成為其他人的輔導。(以上部份節錄自《正見－輪迴研究》)

大道靈學真理的「輪迴轉世」

　　「輪迴轉世」是靈魂光的不斷投胎，由第三眼透視千人的資料可得知約是八到十六世，若靈魂能量不到三百萬靈魂光能量度，就會投胎為畜生，幾乎大多數的人都有此經歷；靈學是以靈魂為轉世的主角，靈魂不會被毀滅，但能量會因生命精神的修養而高高低低，能量的高低也影響著轉世的富貴貧賤；佛教不講靈魂，而稱之為神識，認為「輪迴轉世」為人是苦的，是意識上所造成的苦。所以期盼能進入佛法，具意識神通(修意識氣)，而能修到成佛的境界。就能夠出生了死而出脫輪迴，更能夠返源歸宗。

　　「真病無藥醫，真藥醫假病。」假病指的是今生一般肉體的病痛，可以用藥醫。真病就是來自累世的死、傷、病劫記錄，這

因果記錄在靈魂「轉世輪」當中，以前三世的影響最大。可以透視出身體的那個部位具有因果洞，當年齡到達就容易復發，有因果的器官就病變，這叫做「因果病」，是無形暗藏的，醫生無法檢查出來的慢性病。

《生命多世》書中說：「疾病的根本原因病不產生於我們的物質空間，而是來自於業力輪報。」所以，醫病先「醫心」，修心養性、靈性就提昇了，業力自然就消失了。當然，修心養性是修行的基礎。然而，真相是要「醫靈」，進入靈性模式的修習，來洗清因果而不使其啟發的自我靈療。除此之外更要竟除外來靈體的干擾。因為，外來靈體可以讀出此人的因果，而盡快的加以啟發，或將其本身的絕症記錄複製貼上。它就是無形病啟發的推手，人的生命變數就被突來的無形病斷送了。

《凱西治療全書》書中說：「他只需被告知患者的簡單情況，即使患者在千里之外，他也可以指出患者的徵狀、疾病的原因和治療方法。」這就是遙視感通的能力。靈學真理的第三眼感應竅門，也具有遠距的感通能力 (本神通)，可以察病因。可以靈物幫其疏通氣道，以其自身的靈魂真氣來循環全身，而達到自我療癒的效果。神通能力有三種，一是意識神通 (意識氣)，二是本神通(靈魂真氣)，三是他神通 (外靈雜氣)。都是可以來救人顯化，但是能力境界不同，以本神通的能力最高。

《性靈之旅》書中描述人的「元神」在離開塵世到下一次轉

生的經歷。人的元神是一團放射著智慧知光的能量，又可以變化成在世間的形象。元神之間可以把思維和圖象傳感到對方的意識裡。彼岸的另外空間才是他們的永久精神故鄉，那個更高能量、更為真實和本質的世界；靈學的觀點是靈魂光寄託在天界磁場，那個虛空的世界是永遠存在，才是真實的。相對會毀滅的世界是暫時的，是虛幻的。光就是能量，靈魂光的能量在人體之外稱為「光」，在人體之內稱為「氣」(靈魂真氣)。元神就是靈魂的講法之一，彼岸則是指那天界磁場，或靈性世界的境界。

　　人的不同能量具有不同體外光顏色的顯現，標誌著精神覺悟的層次，依序為藍、紫、淡黃、金黃色。依照靈學的認知，人只要三分的放鬆就可以展現其體外光的顏色，但這也不是一般人的肉眼可以看見。「體外光」顏色是依靈魂光的「能量」度，示現其不同的「境界」。從透視靈光能量度被外來雜氣黑色起始，也有墨綠色、綠色高能量的外來靈體、正常的人生是白色、有累世高的修行是紫色、更高的能量是淡黃色、黃色(九百萬)，外加七色彩虹光(一圈一百萬能量度)。擁有高能量度和靈力，金黃色以上的生命就可以成為其他人的輔導，可以幫助他人處理靈性感應的病症，但至少要金黃色以上，才有能力「承擔」外靈雜氣並予以排除。要幫人「灌頂」的上師最好是具有外加三圈彩虹圈。

出脫輪迴的業力法則

　　《生命多世》是吉娜・瑟敏納拉 (Gina Cerminara) 博士在愛德加・凱西(Edgar Cayce,1877-1945)的《論輪迴轉世》中的資訊檔案基礎上編寫而成。吉娜・瑟敏納通過輪迴案力展示了前世「業力」與今世健康和人生的關係,證實了輪迴和「業力」這個人類世代流傳的概念的聯繫,前世「業力」是今生痛苦和不幸的根源;愛德加・凱西是一位在催眠狀態下,能於數千里之外給病人進行診斷治療的「特異功能者」,瑟敏納拉博士敘述了凱西如何穿越時空,「解讀」前世的因果,進行難以置信的診治。對小女孩塞爾瑪・阿拉芭瑪的治療是凱西使用神奇「千里眼」功能的一個突出案例。

　　約翰・鮑克(Kohn Bowker)在《死亡的意義》(The Meanings of Death)一書中認為,由永恆的輪迴中解脫出來是可能的,問題是如何實現這種解脫?《薄茄梵歌》說 (第十六章二十四節),這個問題的解答早已寫在《論書》(Sastras) 裡,此書亦即後期吠陀所纂有關「解脫方式」的論說匯集,因此他常常被稱作《法論》(Dharmasastra)。而種姓階級制度是法的形式化,亦即是說它提供了一套行為的規範體系,各種特殊的生活方式都能在其中找到合適的位置。是什麼決定了一個人來世投胎將處的階級呢?在終極的意義上說,是業所決定的。「業」(Karma)是行為,而且也是包含著結果的行為。每個行為都在其進行過程中留下了結果的影

子。這法則下，我們現在的行為，創造了在未來的某個時期裡，我們的命所將寄託其中的環境狀態。個人的基本人格特性，就是由其過去生命中善惡行為的總體綜合而成的，這種過去的生命如今在新的環境下重新展現，而按照次序，這種展現又將成為在未知的未來輪迴中結果如何的決定性原因。

當所有身心的喧鬧和交易已經被平息下來的時候，那種超越日常生活的統覺便會出現，那種深藏的全體就會被認知，那就是「梵」，也就是人的「自我」，而這個自我就是最後「真實的梵」；解脫實際上就在於認識到，那深存於自我的持續和實體性，並非那作為暫時投射亦即命的「自我」(執著於現世和行為自我)，而是那個「梵」結為一體的自我。自我始終是在其依附的現象世界之命(jiva)的源泉和存在的保證。但是作為「梵」的自我，則並不參與到「命」的事務中去，它是那樹枝上的另一隻鳥。

神的觀念在印度教中是一個懸而未決的問題。到底是將梵理解為唯一不二的，非人格的宇宙萬象的絕對泉源。還是將梵的本質確定為人格和神性的。如果梵是前者，那麼梵就可以通過聖者或神的形式來顯現自己；如果是後者，那麼神性特徵就成了梵的本質，就是神，不是非人格梵，而是我們必須面對的永恆實在真理。

因為「梵」是深沉於轉瞬即逝的諂之表象之中的真實存在或本質。所以那些有眼睛能看的人，便能「透視」過所有現象，甚

至包括那些混亂和死亡的現象，認識或感悟到梵。這裡所謂眼睛，並非長在鼻子邊上的那兩隻，而是「內在的眼睛」，也就是人們常說的「第六感」。威廉・瓊斯頓(William Johnstone)曾經把它一本著作提名為《愛之內在眼睛》(TheInner Eye of Love) 在解釋這個書名的時候，它明確的指出，這種「內在眼睛」的觀念，是印度教對於真理方法諸多理解得以統合的關節點：我知道這書名波動了東西方偉大宗教的合絃。它們都明白，人在出生時盡管一無所知，但是它很快就將做出補償。因為人還有「第三隻眼睛」，或「內在的眼睛」，它是「心靈的眼睛」，「智慧的眼睛」和「愛的眼睛」。

克里希娜在《薄茄梵歌》中所說：無論是誰在死亡時刻，亦即在遺棄其肉體的時候，心中念我，便能回歸於我⋯⋯如果一個人的思想能在瑜伽境界中融合，而不是迷失於任何名相之中，那麼當他冥思神聖梵天的時候，那種神人合一的境地 (Partha)，就會向他開放⋯⋯只要能夠在死亡到來的時刻堅定信念，滿懷虔誠和瑜伽一體，將氣息完全集聚於雙眉之間而冥想神聖梵天，他們就將到達那神人合一之境。(《薄茄梵歌》，第八章六-十節) 另一個印度教徒認為，我們相信，那內在的靈魂或自我是不朽的。舉一個例子吧：當我的衣服舊了，我就換一件新的穿上。自我也一樣，它只是在換肉身而已，從這個人轉到另一個人。 (以上部份節錄自《死亡的意義》)

大道靈學真理的觀點：梵若是神性，以靈學而言就是靈性，靈性是無意識的，但有自發的「感應力」。第三眼是內在的眼睛，位置在玄關處的銀幕顯像，是以靈性能量靈魂真氣發揮透視的感應力，可以感應答案的出現；其中「因果」只有前因及後果，和累世的作業紀錄果報，因果是來自「轉世輪」紀錄和人格習氣的被啟動；雖說「神通抵不過業力」神通能力是要來救劫服務的，只要有了偏私邪惡心性的不自然，神通能力就會減弱或消失。所以，神通是上天藉由靈力者顯化的工具，卻無法去銷彌其自身的業力。

　　劉坤炳先生在《靈性的覺醒》一書中說：「業力就是覺魂(頭腦)意識的模式，相對於主魂(靈性)無意識的模式。」以真愛為例來解說覺魂的「業力系統」模式；真正的愛並不是一種情緒，而是一種能量，他存在於你我的靈性(主魂)之中，這股靈性能量才是真正的我，一般我們認定的我，乃是覺魂所認知的人格假我。覺魂認知的愛有種種對價條件的侷限，往往所求不遂內心就會產生負面的情緒。覺魂的愛可能是一種情感，或是對某一件事情的感覺。所以，覺魂的「假我」並不懂得真愛。

　　我們歷經無數次的轉世，靈魂光的紀錄不斷地在地球輪迴轉生，卻很少有靈魂光可以突破，達到成熟的狀態而超生了死，人的「業力」牽引讓我們很難去突破這個關卡。雖然修到真道，能量可以無限的提昇，但「業力」如影隨形，唯有突破人性的束縛，

盡力助道，幫助世人，發揮內在的神性，完成渡人、救世、傳法、傳道的使命，才能突破靈魂永世輪迴的法則，達到超生了死的境界。如何突破大自然的法則？就是以靈魂(主魂)能量的靈魂真氣來突破腦(覺魂)的意識氣。因為，業力就是覺魂的意識模式。

累世習性紀錄形成了你今世的人格基礎，他存在於靈魂的「轉世輪」紀錄當中。如果你只是修改你頭腦的觀念，也只是意識的改變，而不是靈性的質變。因而要清除不良習性及因果，不受其影響而到達心性自然的放鬆，這就要以「大道靈性模式的修行」，才能使意識趨向於靈性的自然，不是沒有頭腦的去做，而是內在靈性的開啟。所以，業力系統是頭腦的，而累世紀錄是存在靈魂的轉世輪之中，它是可以被停止啟發或被淨化突破。

「轉世輪」的透視，被透視者要安靜下來，或是進入「抱珠」時狀態是最好。靈力者可以求自己的「明師」顯示某某人欲追尋問題的答案。共有多少世的轉世？可以讀出轉世輪的圈數。每世清洗的情況如何？經由先天啟靈法的修練，每世清洗之後可以顯現不同的顏色和境界。也可以追查問題的緣由，死劫、病劫、傷劫是在那一世發生？其前因後果又怎樣？還有那一世是做什麼工作？人格習性的作業也可以讀出其記錄。

外來靈體如果能量超過人腦覺魂的能量，就可以讀出一個人思維記錄或轉世輪紀錄。所以，算命的、靈媒、乩童都是靠「外來靈力」來讀取腦覺記錄，因為，主魂的轉世輪也放了一個連結

在其覺魂磁場的桌面。算命的過去都算得很準，但是未來沒有記錄的，只好模糊用猜的，所以算命個人的感應能力和解讀都有極大的不準確性。一般人的腦覺魂是主魂的一半能量度，約是一百五十萬到兩百萬之間，所以，兩百萬能量度以上的外來靈體就很容易讀取一般人的資料了。但人的腦絕魂能量有 250 萬能量度，它就無法讀到了。當然更高能量的外靈（神明）也具有神通能力，而能知過去和未來。

修心養性主導著靈魂能量高低的輪迴

榮格(C.G. Jung)的「集體潛意識」告訴我們，人類的心靈之中，不是只有現世的三度空間的意識而已。透過心理分析，榮格發現許多病人身上都有前世的經驗，那些經驗一直伴隨著人們，影響著現實間人們的生活。榮格有一次在醫治一位精神疾病患者，這一位患者有許多的幻想視覺，許多醫師都束手無策。最後這一位病人交到榮格手中。前世的經驗與劫數記錄，似乎冥冥之中影響著今世人生的人格與運勢，然而精神疾病患者，並非其前世就是有此疾病，而在榮格所謂的集體潛意識當中，似乎是存在著來自前世；依靈性學術的觀點認為，有影響的是在前幾世的感應竅門已被他力通氣開啟而通靈，而今世當意識太過，或人際關係的挫折，造成這感應竅門容易開啟而且不容易關起來。於是，感應強的人往往成從小身體的羸弱，由於負能量在人體內漸漸的

累積力強，因而鎖控人的意識而出現幻聽幻覺。

萬般帶不去，唯有「業」隨身。佛經所說，人的第七識阿賴耶識是一切種「識」的集合點，「阿賴耶識」含藏累生累世所造做的業種、業因，這些業因都含藏在阿賴耶識，隨著因緣生生世流轉著；而以「靈性學術」的觀點認為，集體潛意識（靈性的無意識）是帶著前世的記憶，但並不代表是無法回到現實，就將會被認定為精神疾病。往往精神疾病是受到外來靈力的鎖控及啟發。有其外來靈體的「因」而產生了「果」，也有自身累世記錄的「因果」而容易會被啟發，有「業力」隨身，「業」是自己人生的作業，就是紀錄在轉世輪當中的劫難、習性。集體潛意識若帶著前世的記憶就是存在於累世的轉世紀錄（轉世輪）之中，也就是存在於靈魂的無意識之中。

修心養性主導著轉世輪中「能量」高高低低的輪迴，修心養性自古乃是家庭、社會所提倡的人格修養，但殊不知卻是主導著能靈性量的增減與生命的輪迴；能量高則出生在較富貴的家庭，能量低則是出生在較貧賤的家庭。低於三百萬能量度的則轉生畜生，似乎是大多數人都有此經驗，因為，在靈動做轉世輪動作的時候，就是四肢在地上爬行。經過，修心養性（心性），善生養氣（能量），服務眾生（慈善），對天謙卑（靈性），於是，能量漸漸提升可是一旦位居高位，則又自大傲慢，偏私邪惡，損人利己，良知抹滅，殺害生靈，必然使能量急遽下降。

由靈性學術，我們清楚瞭解，靈魂光的投胎轉世是由於先天靈魂光的尚未成熟，也就是要經歷人世間的種種修練，以達到成熟的一千兩百萬靈光能量度以上。可是從第一次天界磁場的原靈下來轉世，未能修心養性反而是胡作非為，使得能量因為腦覺的偏私邪惡而使能量掉了下來，甚至於掉到三百萬能量度以下，而轉生畜牲。於是人們就在三百萬度到四百萬度之間能量的高高低低，一直輪迴著卻找不到修練的道路，而回不了原靈寄託的天界磁場，也無法突破到一千兩百萬度以上到達「佛」的境界。

古代的修心養性，依循著自然的法則，日出而作，日入而息，成為善人孝子，意識自然之人，但只有少數人成了典範。然而，科技的現代，物質已經埋沒了心靈，生存的激烈競爭，偏私邪惡無所不在，外來靈體已經主導了許多人的命運與人生，再加上，整個是拼經濟、科技掛帥的政治導向，更加劇的往靈性浩劫的道路疾速的前進著。所以，修心養性只是意識自然的底蘊。如何清除累世的人格習性？如何使心性自然？如何預防外來靈體的干擾？如何使靈性能量不斷的成長？如何能夠超生了死、返源歸宗？這就必須步上「大道」的靈性模式的修習了。

人要經過多久才會再「輪迴」一次呢？輪迴就是指靈魂在天界的生命靈體再次寄託於肉體，亦稱為「轉世」，也可以說是再輪迴，再生一個軀體，依現代人的人生觀，有些人並沒有修行或是轉世的觀念，或者人生意義和使命的認知和追求。對於具有此

種人生觀的人，差不多一百多年左右，又會再輪迴一次。其實人類以平均轉世十二次而言，若以三到四千年的期間來計算，也要兩百多年輪迴一次的不等時間了。假使一個人前世有修行，擁有修持因果而且使命重大，卻因為種種因素未能完成，特別是身負愈大使命的人，若是因為遭遇意外或傷害，使得肉體被破壞而提早回到天界去，這點靈光生命則有可能在三十至五十年之內會再下來轉世。

十一、如何突破業力惜修緣？

　　一般認知的業力來自此生的學習與環境，這些觀念深刻在頭腦裡面，業力無意識地是自己寫下的軟件，於是形成了自己固有的模式，創造並影響了自己的命運。業力是自己創造出來的，其本身是中性的而沒有好壞，端賴是被它操控或去操控它。如何操控它呢？一般是經由覺知覺察，通過修行與轉念，以調整讓自己的信念系統和能量頻率到一個正確的道路上，可以消融業力對自己的影響。然而，什麼是正確的道路呢？那就是觀察自己的念頭和語言系統，是什麼目的而促使行動的產生？若是滿足小我，保護、擴大、美化自己，並且製造和他人痛苦衝突的，如抱怨、掌控、對抗、勝過他人，以上是使用頭腦意識的業力系統；調整到如果是出於良知、整體最佳利益、布施奉獻。沒有動機的熱情，沒有目地的活力，這就是提升到靈性所映照出來的境界。

有「因果業力」的存在嗎？

　　若一個人歷經轉世有十二世（透視眾多人約 8-16 世)，則有十二世的「轉世輪」紀錄存在於「主魂」當中，紀錄有死、傷、病劫、習性和緣分。如果每一世有十個緣分較深的人，在今世可以感應到的機會至少就有一百人。電視劇的演員演出不同的劇集大多是同一批演員，人生是否也是一樣呢？

一些有緣的靈魂光在今世的某一個階段出現扮演著某一個腳色，好的叫善緣，不好的叫惡緣。一般認為孝子的出現是來還債的，逆子的出現是來討債的。所以，上輩子對某人做了什麼虧心事，這輩子似乎就要付出代價。於是，大家認為的因果相報就是「業力」。

　　何謂「因果業力」？因果－累世的死、傷、病劫的「因」產生今世疑難雜症(因果病)的「果」；累世的習性的「因」產生了今世的人格特質的「果」。由於外靈入侵的「因」，產生因果被啟發和腦覺被鎖控的「果」。所以，靈學的因果只談與累世記憶的「前因後果」，尤其指「因果病」。「因緣」是人與人之間的緣分，但不是因果。業力－業有「善業」和「惡業」，一般人認為「業力」是一種自作自受，是一種懲罰，是一種相欠債。受外來靈體的影響，也是情緒和感應所造成的結果，是自我修心養性的「作業」沒有做好；一般人將「因果」和「業力」連在一起，這一切都是意識的想當然爾，殊不知，人生重要的作業(功課)是在靈性的成長，使自己靈魂光成長，也幫助他人靈魂光成長。一般人重意識就是在「業力系統」之中，相對於修靈性能量靈魂真氣啟動的「靈性模式」修行。

　　沒有因果－「靈性模式的修練」，知道影響靈性的全人健康有前因後果，但那些都可以經由能量、境界的提昇，改變並跳脫其影響因果業力，一切都是「意識」，是腦覺魂的意識思惟系統，

稱之為「業力系統」。「因果」是自己的前因後果，和他人沒有直接關係。「業」是功課、作業，「力」是影響、作用。修能量、心性的功課，服務眾生的功課，這些都是靈修的「作業」。「靈性」是無意識的，沒有因果「業力」就如「神通抵不過業力」有極高的神通能力，但還是不抵自己的「心性修養」的不足，神通能力因而不見了。

　　靈學的「因果業力」為何？「業力」就是作業，「業力系統」就是腦覺魂系統，我要和貪婪，交換和報復。然而，「主魂」只有無意識的智慧和良知，慈悲和給予。祂沒有業力系統而是心性的「自然系統」。所以，作業是自己寫的，自己做的。「因果」指的是有某種無形的因而有了某種果的促成。靈學所指的「因果」其是「轉世輪」之中的「因果劫數」(死傷病劫)紀錄，受到年齡到來而啟發，或是外來靈體提早幫忙來啟發。其二、「因果」是「外來靈體」的因而使人精神錯亂或喪失，所謂的思覺失調而造成影響人命運的果。其三、如何洗淨因果業力？死、傷、病劫的因果啟動。人們在每次的轉世之中，肉體的生病或意外的創傷，最終全都會儲存在主魂(轉世輪)的記憶之中，而這些記憶都會隨著主魂的輪迴，而在每一世當中重現。當此時，主魂的記憶會發出電波，使得在與前世相同的時間，相同的部位，因為記憶的喚醒，而受到刺激，引起反應，使得穴道發生阻塞的現象，久而久之產生病痛；在「因果病」當中，每一世死亡的原因最為嚴重，

每一次發作的時間，便成了今世肉體上極大的障礙或危難，造成今世命運上所謂的「劫」(死劫)。因果病也可能成了醫學上所謂「先天性」的病症，或成了無法醫治的慢性病。

　　造成穴道阻塞的原因，是他靈進入人體所造成的，有三個原因：一是過度運用意識魄力，二是修持不當，三是竅門直接受到接觸；所謂過度運用意識魄力，就是在我們情緒不穩時（舉凡過度的喜、怒、哀、懼、愛、惡、欲），都會使竅門開啟，發出電波，此電波會吸引頻率相近的他靈進入體內，而進入體內的他靈，定吸附在磁場上。於是放出電波，刺激有因果病之處，造成穴道阻塞，使肉體發生病痛。一旦他靈的數目太多，總合的能量若大了，「他靈」有時能脫離磁場的吸附，而占據在有因果病之處，使因果病啟發。使他靈進入人體還有修持不當的原因，此處所謂的修持，包括依秘法修行、靜坐、吐納、在寺廟中極虔誠的膜拜，及廟會時幫忙抬神轎等，都會因竅門的開啟，使他靈易於進入。然而，竅門直接受到接觸，容易將別人體內之他靈的電波，直接導入體內。（以上因果啟動部份節錄自《靈學真理－天眼》）

　　由以上我們清楚了「因果病」，以及啟發因果病的「他靈」，沒有修心養性善守竅門，是造成人們「非自然死亡」的原因。為什麼人類的生死不完全由命定？而動物的生死是由命定？也就是同上一樣的概念，人在靈魂光能量度消耗到三百萬能量度以下的轉世，定是轉生動物（大型胎生）。然而，動物是二魂動物，

沒有中氣脈，靈魂能量無法培養一個覺魂磁場，動物所使用的是感應力。因此，沒有因果病的穴道阻塞，沒有他靈的進入，不受累世因果和他靈的影響，所以可以較接近是自然死亡。

因果病也可能成了醫學上所謂「先天性」的病症，我們將無法醫治的慢性病稱之為因果病。其實，累世的記憶中不只影響一個人的人格和習性，也影響一個人的身體。就如古代的殺頭，近代的死刑槍殺心臟。由於頸部的陰陽氣徑被砍斷，造成今世的陰陽氣徑的不順暢而雙邊的頭痛。由於心臟的破壞造成今世先天的心臟不全。為什麼修練是會破壞先天自然體？先天自然體的先天氣道是給內道的氣循環所用，所謂的「內道」是本來身體內三個磁場的三條氣所行走的：主魂的靈魂真氣，覺魂的腦意識氣，生魂的心識氣。分別在睡眠、思慮、運動時循環在部分的氣道，循環具有增強能量的天然機制；若靈修時使用那條「純」的意識氣都可以稱為內道靈修。一旦夾雜了他靈，則成了「外道」靈修。所以，因修練所造成的他靈效應則破壞了先天自然氣道和先天自然體。

覺魂模式就是人格「業力系統」

一般的人生處事，都以覺魂為主導，我們把這樣的生命模式稱為「覺魂模式」，有別於以主魂良知處世的「靈性模式」，用「覺魂模式」在運作的人，永遠找不到真正的自己。因為思想並不能

代表真正的「我」，思想經常在轉換、提升、昇華，所以那不是真正的「我」。姓名也不代表真正的「我」，因為名字不過是一個稱謂符號而已。肉體也不是真正的「我」，因為肉體終有衰弱與毀壞的一天，那麼人格特質是真正的「我」嗎？當我們執著於自我的人格特質，人家說了幾句不合意的話就氣到臉紅脖子粗，正因為所謂的人格特質還是離不開頭腦的現象，因此仍處於覺魂模式的狀態。

覺魂模式可說是「人格的系統」，構成覺魂的模式就是人格。覺魂模式也可稱為「業力系統模式」，因為我們所想到、看到，所有的情緒變化，例如家庭成員的互動模式、人與人之間的相處都受到整體轉世業力的影響，因而產生不同的人事糾葛，覺魂就是一個業力系統。當然業力有惡業、善業，業力也不全然是壞的。

主魂能量的靈魂真氣是生命的源泉，當覺魂與生魂都為「主魂」所用，主魂的能量就會提升。以靈性能量突破腦意識，只要有真愛的品質出現，靈性的能量就能突破腦意識，進入無我、無分別的高超境界。未成熟的「靈魂光」轉生下來，原本就有個任務，祂要成熟。這個執著來自於靈魂的屬性。要藉由肉身修行，想辦法超脫成就，這就是主魂唯一的執著，這一種執著是天性，靈魂光與生俱來的。（以上部分節錄自《靈性的覺醒》）

以靈魂真氣突破腦意識氣

(一) 如何恢復先天自然體？

　　先天自然體就是此人未練一般的意識功法，如氣功、內功、靜坐，也就是先天氣道未受到意識氣和外靈雜氣走過，還殘留下其電波頻率，因而造成了非先天自然體；只要在先天氣道的感應循環即能增加靈性的能量，這是人體自然恢復的自癒能力，如何恢復先天自然體呢？無意識功法就是以靈魂真氣來突破腦意識氣，「先天啟靈法」可以靈魂真氣來淨化、增加能量。

　　若一個人從未動過氣功、內功或靜坐，則體內的「真氣」不會動，吸附在磁場上的他靈也無法動彈；未動過體內的氣，則阻塞處會慢慢硬化，但若此人練氣功、靜坐或任何運氣的修練，則會因氣的循環，而沖開阻塞的穴道，使某些病痛會減輕或消失。但同時，因氣的循環，也會使原本吸附在磁場上的「他靈」鬆動，甚至能脫離磁場(若他靈數目太多，他靈總合能量太大時，即可脫離磁場的吸附)，而隨著氣的運行，在體內活動。有些「他靈」會沖開所寄居者的竅門，使此人或得某種神通，影響此人的意識，使此人愛好修持。其實，所有修持所得的能量，都會被體內的「他靈」所吸取，等到這個肉體老化時，體內的「他靈」即會將這個肉體毀壞掉，再另找別的肉體寄居，繼續藉別的肉體修持，來增加其能量。 (以上部份節錄自《靈學真理－天眼》)

大道靈性學術已經在台灣啟始流傳，一千年(1942-2941) 後將成為普世價值，以靈性的無意識功法，重在心性自然的修為以及真修實練；由於上述原因，編著者將不可說的「靈學」，嘗試引用並說之，以期盼能夠讓西方世界的「緣者」有機會接收到許衡山先生「大道靈學」之體驗。並期望有關靈 學的研究者、靈的工作者、心靈引導者、生命意義追尋者、有興趣者，都能經由「靈魂光的真理實相」，因而應用在生活、生存、生命上，重新找回自己的靈魂，並實踐自己生命的意義。

(二) 修持不當走入魔境能量定減

　　在中外古今此健身祕法學術，是以腦意識直接引導其「意氣」，至手與腳韻動之學術。其起程鍛鍊的過程，定先要配合深呼吐納運行在「丹田」，而再借外動內靜進行，各種健身的「氣功」之術法，如氣功、內功、瑜珈術、太極拳、外丹功、內丹功、九九神功、十大功法、無極拳法等功術，都是以「重意識」所使然強身之祕術，除了瑜珈術和無極拳法有進入竅門神通和壯體外，其他的功術都未能有進入竅門的過程，都以健身為基本之目的。如果修持靈界的人身者，是很容易啟發其體內「因果」，天生竅門神通感應能力，若是在「功術」的重意識使然其手腳，也有可能在腦覺能量「本源台」之玄機，受到重意識的引導之影響，也極會使外來靈力生命侵入其本源台,啟發其「玄機」而生成「因果」天生竅門感應能力，所以此種「功術」的修練過程中，如有

發覺有竅門「神通」顯現,應停止其再重意識能力的「氣功」術法,改進以定靜心腦和心性之休養,促進「正心破萬邪」來保全肉身平安無事,否則其後遺症啟發時就不堪設想。

現今人身者的追尋,無形的「神通」能力,與有形的「健身」之效率,其體會的目的想必都歸於「信心」與「好奇」,前者修持無形層面的「神通論」,若是在進行體會認識定能「入定」,才可能以意識肉體玄機之奧妙,反過來培養其「主魂能量」之精神。反之,如果是修持不當而走入魔境者,他的主魂能量定減無增,只會得到無形中所干擾的疑難。此種古代流傳至今的修持過程,是適合古時「人身者」追尋的修持,因古時人身者的腦意識處事,與物質的欲求比較「單純」,故不易受到極重物質的偏向,自然古代的修持腦覺能量之本源台的玄機能力,較不會使人身體發生疑難之危徑。

因腦意識引導其意氣暢通全身經脉,排除「因果」所牽連之穴道阻塞暗藏,如果心腦不能定靜而走入「魔考」者,其因於本身體內「氣徑」,都有「意氣」引帶外來靈力之「濁氣」,存在氣徑路線各「氣道」暗藏,三年後定發生肉身不適或疑難病苦。對人身者修持「靈界」的祕法過程,以「佛教」修持的基礎,先做到心性修養與心腦定靜下之條件,然在對無形靈界的追尋體會修持,較有安全的保障之行徑。

舉個列證作為參研，意識想像或意識知覺，都可感應其「意氣」或濁氣，引導前往「想像」與「知覺」之部位；如一的身體正常者，若被「醫生」誤斷其有患「肝癌」病症之現象，就會引起比正常人身者的意識「煩惱」與「憂悶」，而引導外來魂魄生命之濁氣，隨其「意氣」至其想像的部處，集中在於「肝臟」之處。停留如人身者體內的「氣徑」無法使「意氣」循環暢通者，把意識想像的「重集」於該處，日久在該處的肝臟之「穴道」，就會被自己意氣所引導的外來之濁氣，阻塞和破壞其「肝臟」的生機能力，後來就在無形中「無中生有」之自然現象。這原因就是人身體的腦意識能力，重用於體內各部處的後遺症，猶如無形靈界修持祕法一樣，把意識能力重用於體內循環，若是能做體內氣徑意識氣之循環者，定會暢通氣徑內所留存的意氣與濁氣，這就不會因氣徑被阻塞而日久生成「雜病」。

　　所以，以"重意識引導的靈界修持者"，或動用其他各種「功術」，既然要在無形中體會，定要有「信心」於每日一次的修持與鍛鍊，絕不能停留不使然其「行」，不然者，在體內氣徑的意氣與濁氣，定在氣徑內造化無形中的干擾或損害肉身之生機能力，啟發其無形層面的精神來使然有形層面物質肉身生命之疑難。如果用腦覺意識能力引導其「意氣」，進入體內的氣徑在修持或練功者，要培養自己本身體內的「主魂能量」，是不可能的事。一個常作氣功練身的人，是強壯軀體是培養「生魂」的能量，

極重意識能力處事，反而會消耗「主魂」能量；如一個修持靈界祕法「神通」者，修持有成的人身體定有精神旺盛，身心健康而去老返少之跡象，其總源頭還是本身體內「主魂能量」，本源台能源使然其「真氣」，來突破意識力量的修持過程。（以上部份節錄自）《靈學寶鑑》）

(三) 靈光成熟的境界與覺魂的成熟

靈光成熟的境界，是在靈光能量超過一千兩百萬靈魂光的境界，體外光現示的是金黃色外加三圈七彩虹光。是感應能力從第三眼到達第五眼的境界，而且是有能力去執行濟世救人的工作，所以，「境界」不是「修」出來的而是「做」出來的。這個時候的靈魂光可以返源歸宗，可以回到那靈源地，而不被任何的天界磁場所吸附。更使所有未成熟的靈魂光，將可以感應到有一個能夠成熟的「大道」。先天啟靈法的修能量增長，而境界是顏色的顯現，但是，能量與境界不是同步的揚升。境界不只來自主魂能量的成熟，也來自覺魂的意識自然的成熟。

劉坤炳先生在《靈性的覺醒》一書中認為「覺魂成熟之路」首先要認識執著，有幾個方式可以讓我們較不容易陷入執著的困境：擁有好奇心、永不停止學習的能力、勇於面對自己的真相；然而，如何看到自我的真相？那就是培養察覺的能力和深究最根源的真相。如何突破執著？執著是什麼？就是頭腦自以為是的迷

戀。我們要突破執著，就必須要看清執著的全貌與真相，瞭解何以我們會執著在某個點上，來龍去脈與背後的真相是什麼？比如執著點是「控制」，以自身意識框架強加於人，或由於「自卑」而無法面對自己，卻需要別人對自己言聽計從。

　　所有的執著中，最深層的執著就是我們的「自我形象」的核心執著，稱為「我執」。這種對「我」的執著，不管是呈現於內心經驗，或是心理上對自我人格的認同感，都是覺魂所啟動的作用，他會產生對覺魂本身的執著；而覺魂認知的本質是虛幻的，當覺魂執著於自身，便無法看到自身虛幻的真相，因而身陷虛幻而不可自拔；所以，當人跳脫覺魂限制的時候，才能洞察自身生命的真相，啟動靈性模式發揮大智慧，使自身生命得以昇華到極致。

　　如何消除執著呢？第一、擴大內在良善的特質，上天的特質是良善的，祂不可能有傷害人的思維與行為，當我們的頭腦擁有上天的特質，就不會如頭腦意識衍生出偏私邪惡，當腦意識與上天的特質一致，就是所謂的「天人合一」。第二、透過靈性開發逐層突破，每個人有屬於自己的轉世因果及業力系統，業力就是過去累世紀錄所帶來的影響，業力系統唯有透過靈性的開發才有辦法突破。第三、突破自我形象，若要消除自我形象，必須先培養二種能力：一是誠實的能力，如果我們對自己都不坦承，一直處於自我欺騙的狀態，怎麼可能突破執著呢？透過認知而後理

解，理解以後，就會知道原來「執著」只是頭腦的幻覺而已；二是對真理的理解，道理與真理是不同的，我們講的都是自己的道，自己的理。但是真理不是這樣的，真理是要經過驗證的，我們對真理的理解是從「主魂」出發，真正的理解是對「真理」的理解。當我們身處主魂靈性模式的時候，內在就會湧現許多智慧。如何提升腦覺魂的成熟？可以透過下列的方法加以體會和實踐：

(1)重視倫理道德－－倫理道得可說是心靈能力的紀律訓練，減少貪心、憤怒，近而培養出仁慈、憐憫、平靜的心，當意識降下來時，自然就慢慢放鬆了，進而逐步使覺魂邁向成熟。

(2)專注力的培養－－除了毅力之外，專注力的養成是很重要的。只要先訓練自己專注做一件事，假以時日就能擁有主宰自我心靈的能力，如此可促進覺魂的成熟，也會擁有正確的判斷力。

(3)情緒的轉化－－有轉化能力的人會看到自己的情緒，不是去壓抑它，而是放下它。

(4)自我超越能力的培養－－懷抱終極成就的動機，不斷超越自己境界的極限。將自我實現動機昇華至生命成就動機，將原本成就個人的動機，擴大為成就眾生的動機。

(5)察覺力的提升－－當人封閉了心靈覺知，就只能從自身狹窄的縫隙觀看事物，既偏執又扭曲。當察覺力提升了，定靜之

下便會對生活變得更加敏銳、觀察更為精準。

(6)智慧的培養－－體認生命本來就是痛苦的事實,以真誠、堅定和勇氣去接納它們,當我們洞悉痛苦的真實義意,自然會將痛苦轉化為成就之助緣,這種洞察就是智慧。直接,直覺是的智慧超越了意識的思想觀念,是無法以言語形容的,甚至於連意象都沒有,所以我們稱祂為「大智慧」,當人的覺魂成熟使得覺魂與主魂同步,進入天人合一的境界,就會時時處於大智慧的狀態,達到一個極致和諧與平衡的狀態。(以上節錄自劉坤炳《靈性的覺醒》)

惜修緣（自然隨緣）

神通廣大業力現、突破業力惜修緣、

緣緣皆是自然源、環環連連相扣緣、

緣分前定是因緣、因果真病結道緣、

真道降世感應源、降台真道得惜緣、

巧遇真道是機緣、覓尋真道累世緣、

心性自然為磐石、自然入道是隨緣、

靈修依道不緣道、道法自然境界高、

人道並行走天道、成為大道有緣人。

十二、何謂情淡緣薄性孤獨？

為什麼有的人不渴求朋友或對人情表現淡薄呢？孤獨和獨處有什麼不同？一般認為前世修行過的人為什麼今生會表現六親緣薄呢？靈學真理認為人的個性是先天賦予的嗎？性孤獨的人就是無情嗎？穿合適自己腳的鞋子就是自然？

為什麼有的人不渴求朋友或表現人情淡薄？

有人為什麼不渴求朋友？因為此人本性善良但不懂得人情世故則容易受到傷害，而有人忍受著背後他人的心計和霸凌，或遇到困難事情時身邊的朋友所表現出的人心現實。又有個人自覺能力不足而不想攀附他人，或獨立自強不依靠他人，期望能活在自己簡單的生活之中不被外界打擾。還有一些成熟或修行的人內心通透懂得自處，只保有共同興趣的朋友，以及退休的人經歷太多社交生活和人際關係，只想渡過簡單清靜的生活。於是，少有朋友的人常被社會眼光認為是孤獨的人，孤獨的人常被認為是自私不合群的或對其身心是不健康的。

為什麼現在的社會是人情淡薄？社會心理學家認為，人與人之間的距離感，往往是由於接觸過少造成的，並且在這個過程中還可能會對那些你從未接觸過的人產生偏見，這也是現在的人既使是鄰居之間很少交流，這是變得冷漠的原因之一。而如今的社

會有從集體主義向個人主義發展的趨勢。人們越來越關注自己的成就，而少了對周圍人的熱心。對於個體主義的社會而言，人們覺得實現我價值才是最重要的事情，自然也就會忽略周圍人的處境，顯得這事與我無關。

當今社會，我們不難發現，有些人們變得越來越人情淡薄，只要是和自己無關的事情，就絲毫不在意結果，看到別人需要幫助，也會視而不見。究竟是什麼原因造成了的呢？人們學會了虛擬世界的社交，造成人與人之對談的困難。原因有：社會經濟的快速發展，信息化改變。生活壓力大社會節奏加快，人心的欲望，對物質或優質生活的追求。多數的遠距工作和加上工作的繁忙，每個人精力有限，既使機構內人與人之間實際交往機會自然減少。社會上一些不好的個人案例，讓人與人之間的信任度降低而有防範之心。我們的交友對象方式發生很大變化，愛心只能適用於小圈子，無法延伸到更大範圍。但是社會上自然會有一些人是生性熱情，熱心公益，快樂地幫助他人，似乎不受上列因素的影響。

孤獨和獨處有什麼不同？

孤獨和獨處是兩回事嗎？人們對於孤獨有很多誤解，孤獨就是一種喪失與他人關聯而產生的感受。一種你無法得到你周圍人的真正理解，你無法與之產生有意義關聯的感受。孤立可能是產

生孤獨的一個因素，但不是唯一因素。因為即便在人群裡你也會感到孤獨，然而獨處時卻有可能感到舒適放鬆，甚至有如釋重負之感。我們有時喜歡獨處，然而當我們無法與能夠理解我們的人共處時，就會產生孤獨感。孤獨感往往為時短暫，感到孤獨會促使我們去尋找新朋友，或者嘗試改善現有的人際關係。當你獨處時，你的自我意識開始模糊，因為無法從別人對你的反應中看到自己的鏡像。所以，在某種程度上，得回歸社會後必須重新發現自己在社群中的定位。

社會神經學家約翰・卡西奧普（John Cacioppo）認為，孤獨感是人類進化的產物，其目的在於促使我們改善與他人的關係。他用口渴感來比喻。你要是感覺口渴，就會去找水來喝。你要是感到孤獨就會去接觸他人。孤獨的人往往逃避社交活動，所以，孤獨會造成很多嚴重後果，鬱鬱寡歡的孤獨者有可能更容易患病，有些人可能因為身體欠佳而停止了社交，從而讓他們變的孤立和感覺孤獨。

儘管孤獨感在老年人中更為常見，研究發現有 50-60% 的老年人很少感到孤獨。孤獨也可能有好處，論及獨居、安靜和隱私可以被看成是創造性工作的必要前提。充滿正能量的孤獨，並不僅僅是寫作或繪畫的前提條件，而且還有其他的好處。有些人就喜歡自己獨處，享受孤獨時的高質量生活。美國散文家愛麗絲・寇勒（Alice Koller）決意做一個隱士，將這段經歷寫成了一本散

文集《孤獨驛站》(The Stations of Solitude) 她的結論是:「孤獨指的是美好的獨處,自己一個人,奢侈地沉浸在隨心所欲的選擇中,明白自身存在的圓滿而不是他人的缺席。因為孤獨是一種成就。」

英國哲學家弗朗西斯・培根對孤獨的看法:「凡是能享受孤獨的,不是野獸便是神靈。」通過對成功的藝術家、作家和創意滿滿的企業家進行的採訪,發現他們在回答自己的效率何以如此之高時,給出的最常見的答覆之一便是:「我沒有社交生活」。我們並沒有給予獨處足夠的重視,多數人甚至都不知道應該讓自己的大腦和神經系統得到充分的休息。是的,當喋喋不休的頭腦停止了,靜心之中靈性智慧的昇華才是創作的泉源。為什麼越來越多人不愛說話了?心理學家認為原因主要有四點:

(一)資訊時代人們雖接受更多的訊息,但認知資源有限,與他人面對聊天說話的時間自然就減少,而是在手機和網路上進行,或只轉傳訊息因而造成語言表達時的不順暢。

(二)個體主義只關注自我的心理需求和自我的成功,而不在團體的利益。關心別人的動機就減少了,變得越來越不愛說話了。所謂的沉默的人卻是缺乏待人的熱情。

(三)成長背景獨生子女,難免會有更多自我中心感。在與別人相處中,很難做到關切他人,若與對方交流起來難以接受對方

和你不一致的觀點，則是話不投機半句多。

(四) 不怎麼愛說話的人，往往性格比較內向，在公眾場合中聊天會感到害羞、不自在。此性格傾向怕講錯話或是被權力者壓抑了。話語少的人其感應力比較強，常自我解讀而缺乏雙向溝通。

前世修行過的人，為什麼今生六親緣薄？

有人說六親緣薄才是真福，對於修習佛法的人都應該明白，與累世親人糾葛過深，容易情執而難放下，導至沒有結束的散場輪迴，不易生出離心，對回歸自性是沒有幫助，唯有放下七情六慾的追求渴望，人才能真正的成為清淨個體，不被六親情感束縛，在明心見性中見彼岸解脫道。明了因果就知道我們來到這個社會就是業緣的牽引，我們累生累世的六親眷屬不知多少，很多都是障礙修行的障緣，假如這個修行人修成了正果，他的六親眷屬都會受益。所以說看著似不善其實是大善，以上是世俗一般的認知。殊不知，有人外表看似六親緣薄，所謂的情淡緣薄性孤獨，其實其是處在另一個靈性境界，清淨自在且由靈性出發，具有沒有動機的熱情和沒有目地的活力。

修行人泛指在宗教或道門之中修練的人，出家或減少與親人之間的關係是現世，前世修行過的人，今生來到世上會是這樣的(一) 為人處事：責任心重、盡力扮演好每個角色、力求心安理

得。有禮貌、一視同仁、很公平、有分寸。理性但不迷信,做事不僵化,不藏私,樂於將自己所會的教導別人。(二) 個性:擇善固執、獨立、主見強,但尊重多數人的決定。不貪心、看錢不重,可能不善於管理自己的錢財。早熟懂事,凡事儘量不麻煩別人,卻願意幫助別人。不輕言放棄,某些觀點也許悲觀,卻會積極面對人生。(三) 情感與人際:與家人情緣較薄,價值觀和一般人不太一樣,較易化小愛為大愛。知道如何排解自己的情緒,會放空也會充電。不害怕死亡,也不怕再轉世為人,如果可以,還是選擇為人群服務。(四) 其它:常常想背起行囊隨意去流浪,到遙遠不知名的地方。對一切充滿好奇與學習心,非常注意自己身體的健康狀況,隨時做好死亡準備。第六感的直覺判斷力很強。藝術的眼光不錯,有美感,懂得欣賞。

為什麼修道人會表現沉默呢?在機緣不合的時候最好保持沉默,由於大道是無名、無形、無情、無象、順從自然、大道無私,道是講天理而非道理,若此人無道緣或境界未達則無從說起。所以,面對一個人,不可與之言而言之,乃失言也;面對很少聯繫的看法,弘一法師說:「你忍住不聯繫一個人的時候,人家也許慶幸,你沒有打擾他;你以為不主動就會錯過,可能在他眼裡卻是解脫。」

無形靈性的修練卻是在自然境界,養性就是使靈性的能量和境界的成長,靈性和意識的自然,而心性自然是一個無法言喻的

境界；所以，修心養性(修行)是所有修練的基礎，所表現出來也是其道門的教化。從正向的人生，理智的思維，追求身心健康和成長。個人家庭乃至於社會和諧的參與，創造有意義的人生，進而開啟靈性的智慧。生命是一種體會，體會到頭腦意識不再執著和自我而是自然。從小我到大我，從小愛到大愛，體會到靈性的平等和慈悲。於是開始去服務他人，無形之中使自己的感應力和靈性更成長。

無意識靈魂卻有累世習性和磁場之特性

人的個性是先天賦予的嗎？由於靈魂的轉世輪當中記載著每一世的死傷病劫和習性，前三世的因果和習性影響了這一世的人生觀念。所以，相同父母所生的子女個性卻都不相同。累世習性如何影響著這一世的個性呢？如果前世是一位在山中的修行人，今世自然會選擇清靜環境而喜愛出離人群。靈魂光天生受到靈魂磁場之特性的影響嗎？相同天界磁場的靈魂光，在磁場的共性或特性影響之下的相互感應牽引，相同磁場頻率的人則容易群聚在一起，有如同班同學之中的小圈圈，或是個性比較談得來的朋友。

天界磁場的共性和特性是什麼？當宇宙停止供給能量給靈魂精神細胞的生成，轉而供給物質細胞的太陽。在這當下先生成的靈魂光能量較高，後生成的靈魂光能量較低。宇宙的空間也生

成了許多如小氣泡的無形磁場稱之為天界磁場。於是，依其能量度被太陽光逼離宇宙中心磁場(源場)，寄託在相當能量的天界磁場之中。經由陽光的造化於是有了華嚴世界的產生。當星球有了生物，繼而有了動物的繁衍，此時靈魂光開始寄託到動物的身軀之中，成了生命的源泉，是有主魂和生魂的二魂動物。當有了人類的出現且發展成智人，則成了三魂的人類，多了一個腦覺魂。

依能量度的天界磁場，至少是一百萬度，靈性學術將其分為四百萬靈光能量度是神界，五百萬度是仙界，一千一百萬度是聖界，一千兩百萬度以上是真佛界。所謂的「界」就是相同能量度的位階，相當於一個國家的「州」，每一個州有其共同的共性。然而，一個州有許多的「市」所組成。每個市又有其特性。有靈魂光寄託的天界磁場稱之為空白場，受封有主人的天界磁場稱之為此人名號的磁場，主人就是靈性的成就者，也可以統稱之為神仙聖佛。有主人(市長)的磁場其寄託的靈魂光可以稱之為其市民，市民的磁場特性則承襲自市長的特性，稱之為此磁場的特性。

性孤獨的人就是無情嗎？此處的無情是指靈性的無和空性，靈魂是永存的卻無意識，靈性是無意識的非世間法，所謂的頭腦意識無法到達靈性，靈性是無意識沒有思考而是有感應力。以一般人的眼光看似無情，其實非人無情感而是沒有情緒反應；靈性的修行目的在恢復靈性的本來真面目，靈性能量越高則越是自然，自然是本來就這樣，沒有頭腦意識是非對錯的規矩，而是

良知不經思索的展現，所謂的道法自然，一切宇宙運行的法則就是自然，不必問為什麼。當靈性恢復自然了，不再受到意識的牽絆，大愛慈悲自然展現，你會發現當沒有我的存在，不再為自己利益出發時，人與人之間的關懷則是一種有溫度的傳達。

根據靈性學術的透視和感應，外星人少有語言或文字的傳達，而訊息或操控大多是用感應的，他們有後天的頭腦意識但卻較多用先天靈性的感應能力。也就是如動物有專精的天賦感應能力，外星人卻多了一個有意識的頭腦。在靈性靜默之中其科技及創造的能力，遠遠高於地球的人類，原來寂靜的靈性世界竟然有元創力，而所謂的大智慧就是靈魂之中暗藏的感應能力，也就是人人天生具有的第三眼能力。

為什麼相同磁場的人有其同的特性，卻受到個體的累世習性影響而有了不同的個性，但也受到今世環境以及每個人的修心養性的影響，於是在與人交流和享受獨處的選擇就不盡相同了。靈性是無意識，無情緒(無情)，空性，心性自然。然而，頭腦意識往往是不自然的，其中充滿了自我和執著。在慈悲與大愛之中沒有自我，於是以眾人利益為先。在意識自然之中沒有執著，於是自然沒有固執和一定要如何才對。

每個人的腳掌寬度又不同，所以，選擇適合自己腳的長度和腳掌的寬度稱為合腳的鞋。合腳的鞋，裡面容不下一粒沙子，但是一個人的左腳與右腳掌的長度是不同的，善用右手的人，運動

時以左腳當柱軸來旋轉,所以,左腳會較大,會有半號左右的差異。所以,較短的那隻腳的襪子容易鬆脫至腳底,這就是從小一隻腳會掉襪子的體驗。

孤獨或是單身主義者和嚮往自然恬淡的生活。有人認為,獨居老人更長壽,耳根清靜,自有的興趣培養。追求興趣所在與人交流也享受獨處。所以,何謂情淡緣薄性孤獨?端賴個人的個性、習氣的養成,在環境限制之下,每個人都可以與人交流也可以享受獨處,適合自己的習性是最自然的。所以,穿合適自己腳的鞋子就是自然。

十三、如何到達「神人」的生活？

「神人」的不同譯義

「神人」可以指天才，道教中對天神的稱呼，古日本神社聘用的士兵。所以，一般「神人」的詞語意思謂：(一)神和人 (二)神奇非凡的人。謂其姿容、行止、技藝等非常人所及 (三) 猶神仙 (immortal)，古代道教和方士理想中所謂「修真得道」而長生不死的人。然而，莊子的神人是什麼？道家與道教有異同，學者自成一家當屬道家。道教指得道的人為「神仙」嗎？基督教「神人」生活的開始，乃是我們藉著「重生」，是從神而生？現代人又如何達到「神人」的生活？那就是簡單儉樸的靈性「生活」，以及大道靈性學術「真理」(真道)的天理來實踐在「生命」之上。

莊子描述的「神人」、仙人、真人、至人都不大受大自然和自身的束縛，後世道教進一步神仙化。俗稱之「神人」則多指具有神通力之仙人，意謂具有神靈之屬性的人。《莊子》〈天下〉載：「不離於宗，謂之天人；不離於精，謂之神人；不離於真，謂之至人；以天為宗，以德為本，以道為門，兆於變化，謂之聖人。」莊子引申為得道之人，如莊子認為天人、神人、至人、聖人都是與道合一的。由天而人的為「神」，由人而天的為「仙」「神仙」泛指修練得道的人。得道升仙，講的都是人自己的修行得以成仙，得以長生不老、長生久視。「神人」被道教納入其神仙體系，

如《太上老君內觀經》言：「煉氣成神，名曰神人。」《雲笈七籤》卷一七言：「其氣通神，陰陽不測，故曰神人。」

　　道教指得道的人為「神仙」，道教信仰的一種超自然存有，具有長生不死、神通廣大等性質，可由普通凡人轉變而成。《莊子》中記載的「不食五穀，吸風飲露，乘雲氣、御飛龍而游乎四海之外」之「神人」、「真人」等乃是後世道教神仙的雛形，《漢書・藝文志》又說其能「保全性命之真而游求於外」。唐代《三洞群仙錄》〈序〉又以為神仙乃是「形神俱妙，與道合真」者。三清是道教的最高神，三清三位一體，是「道」的化身。

　　基督教的「神人」藉重生由神而生之路，這些兒女都是從神生的「神人」。他們由神這靈重生，成為眾靈－「眾神」，(約三 6 下，) 屬於神的種類，得以看見並進入神的國。(約三 3，5) 在這一系列的信息裡，我們要來看「神人」的生活。這神人的生活，乃是基督生機拯救的八個主要項目：重生、牧養、聖化、更新、變化、建造、模成和榮化。摸著神人的生活，意思就是摸著這八個主要的項目。神人生活的開始，乃是我們藉著「重生」，從神而生。我們必須有一個特定的開始，才會有一種 的生活，生活必須以出生為開始。

神人與「道」合真

從簡以享受生活，至道不繁簡則益生。簡單生活即由心靈的虛閒開始，讓思想自由地飛翔，與「道」同游；去奢去貪，崇儉節慾，淡化小我，不為物累，以求得心靈的安和；「素樸純一，足以知天」始終保持一種「安時而處順」、「知足而常樂」的高尚情操，養成一種「與人無忤、與物無爭」的曠達胸懷，才是「返樸歸真」的真諦所在；「從和」以快樂生活，「和」的意義，一是要通，二是要順，三是要悅，四是要包容。通則和諧，和則相生。天地萬物的自然運化生長，展現的是「道」通萬物的自然和諧。道經中說，「道以通達為義」。

(一)「從簡」以享受生活

人生在世的根本其實不是繁，而是要簡。簡就是要「簡易」、「簡約」，就是要抓住主要的本質的東西。簡的原則就是要少思、安閒、輕鬆。司馬談曾總結說：「道家使人精神專一，動合無形，贍足萬物。指約而易操，事少而功多。」這或可說是對道家從簡精神最合適的概括。由此而來，從簡便成為道教應物處事的重要指導思想。「至道不繁」，從簡使自己和他人都能有一個輕鬆的心情，相互交往也就沒有那麼的機關和算計，這樣我們才能更好地享受生活司馬承禎說「簡則益生」，也就是說從簡而行才能健康心身。以簡處事，一是要知生之有分，不務分之所無；二是要明白什麼是無益於生的；三是要安閒無累。對於如何做到「以簡處事」，孫思邈真人則提出了十二少的方法，即「少思少念，

少笑少言、少喜少怒、少樂少愁、少好少惡、少事少機。」保持了這十二少，即守住了生命生存的根本。

　　簡單生活即由心靈的虛閒開始，拋棄不必要的牽絆，讓思想自由地飛翔，與「道」同游。日常生活也應是以簡易為好，天天美味大餐於身體也不一定有益，反而可能生害，誠如司馬真人所說：蔬食弊衣，足養性命，豈待酒肉羅綺然後生全哉！從簡的另一方面就是要「崇儉抑奢」，這也是道教的傳統美德，太上老子說：「我有三寶，持而保之。一曰慈，二曰儉，三曰不敢為天下先。」所謂「儉」，即節約，這其中包括對物質追求的節制和個人貪慾的抑制。老子認為，沉溺於聲色滋味等感官享受，受制於名韁利鎖，不僅會大大地損害身體，更會妨礙體悟大道。因此，老子倡導「少私寡慾」，恬淡儉嗇，節制物質欲望和個人私慾。節約而不奢侈，收斂貪慾，甘於恬淡，順乎道義而有所節制，乃是儉之德。「簡」才能達到輕鬆，放鬆我們的心情。少一些煩惱，少一些憂鬱，多一些開心，多一些快樂，像雲一樣逍遙。在上個世紀早期就有人曾經預言：「有史以來，人類將首次面對一個真正永恆的問題─如何利用工作以外的自由與閒暇，過快樂、智慧的美好生活。」我們有不少人為了得到奢華的生活可以忙碌幾年、幾十年，卻捨不得花費幾個小時享受生活。捨棄物質而重精神，在這個物慾橫流的時代似乎很難讓人做出選擇，神仙逍遙的道教思想，可以讓我們從中尋找解開困惑的鑰匙。

隨著社會的發展，物質生活的極大豐富，人的貪心也在快速膨脹，社會上出現了許多貪污腐敗的現象。究其原因，是私慾膨脹促使他們絞盡腦汁爭奪名利財富、貪圖榮華富貴，其下場必定是可悲的。生命才是最寶貴的，一旦失去則不可復得。懂得了這一道理，便不會為聲色財富這些個人私慾所牽累，自然能夠在實踐中做到去奢去貪，崇儉節慾，從內心深處認同儉樸廉潔等道德要求，將其化為自身的品德。由此通過確立珍愛生命這一價值取向，來調節人們的需求結構，從而淡化人們對於一己之私慾的過分貪求，淡化小我，不為物累，以求得心靈的安和，實現肉體健康和精神自由，如此，才能最好地享受生活，實現體悟大道的人生理想。

(二)「從樸」以真愛生活

　　「樸」的本質是「質樸」而無華，像生命之初的嬰兒一樣。道教講「抱樸」，就是去除後天之偽，復歸於嬰兒，復歸於樸素之道。也就是要求學道者持守質樸無華的「本真」，這樣才能與「道」合一，達到自身人格的完善，而走向這種復歸之路的關鍵則是「少私寡慾」，《道德經》第十九章說：「見素抱樸，少私寡慾」。元代道士李道純闡釋為「清心釋累，絕慮忘情」，是修道的必經之路。卸下心靈沉重的包袱，才可以「窮理」；拋開俗事紛擾，才能「盡性」；擯棄了一己私慾，最終能「造道」。道教所倡導的「抱樸」，依託於人們對於生命的珍惜和熱愛而得以實現。

真愛生活是一種智慧，而古老的道教，正是這種能用之不竭的源頭活水，使世人更為合理、合「道」地安排自己的生活。

「素樸純一，足以知天」，知天者，即能與天同壽。保持恬淡無欲、清靜素樸的思想，不過分地追求外在的功名利祿和榮華富貴，不為個人的私慾而絞盡腦汁，不為個人的得失算計而心神不安，始終保持一種「安時而處順」、「知足而常樂」的高尚情操，養成一種「與人無忤、與物無爭」的曠達胸懷，才是「返樸歸真」的真諦所在。《太平經》中有「下古人心邪蔽，不若太上古之三皇，人心質樸，心意專一，各樂稱天心，而忠信不欺其上，故可無文也」之句，意在批評世人品行邪惡，頌揚古人的質樸。在我們經常慨嘆「世風日下，人心不古」的今天，尤其需要這種返樸歸真的境界。返歸淳樸，即不要用人為的東西去毀滅天然，不要用造作去毀滅性命，不要因貪求名聲而成為名聲的犧牲品。

(三)「從和」以快樂生活

「和諧」是中華文化的重要理念。「和」的意義，一是要通，二是要順，三是要悅，四是要包容。通則和諧，和則相生。所謂通就是通暢、通達，古人曾說：道之言通，通無所通，而無所不通。天地萬物的自然運化生長，展現的是「道通萬物」的自然和諧。在現實世界中我們知道，道路暢通則人行通達，水流暢通則潤澤萬物，貨物暢通則人心穩定，人之血脈暢通則無病痛。人生

在世，最重要的是「心通無礙」，只有心通才減少煩惱與憂苦，也只有排除煩惱與憂苦才有順心如意。在道教看來，通則無礙，通則和諧，通則安定，通則太平，通則繁榮。

所謂「順」就是順應大勢，也就是要順應事物發展的客觀規律，若水一樣順勢而行。一年四季二十四節氣，乃天地自然之常勢，人應當順應其變化。白天應當勞作，晚間應當休息，也是自然之常理。所謂「悅」就是保持與營造和悅的心態和處境，人之心身和悅，才能神清氣爽，健康常在。家庭有和悅才能和睦，小孩在這樣一種氛圍中成長，才有快樂，才能得到健康發展。所謂「包容」就是要寬容地對待他人，以有容乃大的胸懷，容納不同的東西，像大海一樣能容納萬川河水，並賦予其生機。和所包含的以上四個方面，引導著世人快樂地生活。具體當從以下三方面來促進。

第一當以「人自身的和諧」為基礎。社會是由人組成的，要維護社會的和平與和諧，我們首先要保持自己個人內心的和諧與安寧。道教認為，人心的煩惱和不安定主要來自外物的纏繞和貪求欲望之心過度，從而產生煩惱與焦慮，產生妒忌心甚至仇恨心，因此有人生苦短之感嘆，而之所以「苦短」，是因為我們為「煩惱」所纏繞。而「煩惱」實際上起於「妄心」。《常清靜經》說：「既有妄心，即驚其神。既驚其神，即著萬物。既著萬物，即生貪求。既生貪求，即是煩惱。煩惱妄想，憂苦心身，便遭濁

辱，流浪生死，常沉苦海，永失真道。」只有我們內心清靜恬淡，少私寡慾，無為不爭，去除貪求妄想，自知而不自見，自愛而不自貴，自信而不自傲，自強而不自恃，保持個人內心的安寧與平靜，才能使生活既充實又平和，像水一樣，無我而又能堅持自我，在心靈的深處樹立起和諧和平的信念，從而健全人的心身，維護和諧，促進和諧，人與人、人與自然和睦相處，各種生命自得其樂。

第二當以「人與社會的和諧」為現實追求。追求人與社會的和諧，要求我們人人都心懷慈愛，對他人友善，要寬容他人。當然，這並不意味著放棄自我，而是要求我們要充分理解他人。《南華經》中說：「以道觀之，物無貴賤。」不同的人群、不同的民族、不同的宗教和文化之間，是沒有高低貴賤之分的，是完全能夠和睦相處、共存共榮的。追求人與社會的和諧，首先是要促進家庭的和諧。道教《正一法文天師教戒科經》強調要「父慈子孝，夫信婦貞，兄敬弟順」，以做到「室家合和」，「天垂福慶」。其次，要以慈愛之心靈和誠信之行為對待他人。社會和諧的根本是人與人之間的和諧。人與人之間的相處應該建立在相互尊敬、相互幫助和誠信友愛的基礎上。富有者應幫助貧窮者，而不是使貧窮者越來越貧窮；不同人群之間應增進交流，促進理解。通過交流，既能發現彼此之間的共同之處，從而堅信人類文化有一些核心的東西是放之四海而皆準的，同時，我們又能深入地了解彼此之間

的相異處，做到不失自我而又尊重、包容他人，尊重他人的生活方式和價值觀念，互利互惠，慈愛和同。

第三當以「人與自然的和諧」為最高追求。人與自然是一個和諧統一的整體，只有確保天地自然的平安，人類才能獲得長久的平安。因此，要追求社會的和諧，我們還必須樹立起對自然的正確態度。道教認為，天地萬物都源自於「道」，「一切有形，皆含道性」。萬物都有按照道所賦予它的本性自然發展的權利，我們應該尊重自然萬物的生存權利，不要隨意作踐自然、毀壞自然。人應該「與天地合其德」，對萬物利而不害，以促進整個宇宙更加和諧和完美為目標，而不應該以毀滅各種自然物的行為來扼殺宇宙的生機。《道德經》中教導我們說，應「輔萬物之自然而不敢為」就是要順應世界萬物生長變化過程的自然本性，不以人為的強制方式去破壞這個過程的本來面貌，因勢利導，無為而無不為。

孔莊談人生境界

人生的境界是形而上的「天道」，追求圓滿本身就是一種分別心，靈性本是圓滿具足的，不必去追求。莊子談「人生境界」，特別假設真人、至人、神人、聖人等理想人物以為象徵。他說：不離於宗，謂之「天人」，不離於精，謂之「神人」，不離於真，謂之「至人」，以天為宗，以道為門，兆於變化，謂之「聖人」。

莊子的人生，是形而上的「天道」。他追求的，是宇宙中的根源，呼籲人性的覺醒，尊重個性價值，從積極的自由意志中，發揮生命的自由。要求將自我溶解於大自然之中，成渾然和諧一體，是一種虛靜狀態的唯美描繪。由此境界，遂產生出一種矇矓神秘色彩的生命情調；莊子在超越人世間一切利害得失之外，依然願意以自我為中心，超越物慾予以新的創造。只有如此，才可以達到一種「生而不有，為而不恃，長而不宰。」的新人生境界，是積極樂觀而莊嚴的生命情調。

　　孔老夫子對於人生的看法，雖然以現實社會為對象，不談玄說妙，樂觀的肯定人生必有一合理的歸宿，社會必有一道德秩序。但是他老人家依然有其虛靈靜恬的人生境界，尤其是唯美的自然欣賞，更有其超越一切藝術美的生命情調。其一生顛沛流離，風塵僕僕，依然保持申申如也和天天如也的君子風度。永遠文質彬彬，從容不迫的渡過許多困阨。垂垂老矣，還發憤忘食，樂而忘憂，乃至於忘記了老之將至。這不就是莊子心嚮往之的「神人」境界！不就是藝術美和道德美融合交流於一體的「人生境界」！

　　所以靈性學術則認為「生命的意義在服務」。星星本身是不會發光，光是來自太陽光的反射。生命也是經由靈魂光的靈性能量，反射真實的愛而發揮其影響力。生命本身可以說是沒有意義的，但意義卻來自生命的「服務」與「貢獻」。靈魂的轉生本身

也是沒有目的的,而是人們感悟到其能進化到靈性的圓滿境界。偉大的靈魂不論祂怎樣,似乎都由其決定和挑選每一個人為祂服務,是哪種形式的服務,從靈魂的角度看並沒有分別。當人們學會了「受」而開始分享「給」從家人的服務開始,靈性的開啟,就是在去做之中成長進化。所以,如果生命是有目的,那就是在生命的服務與實踐,並且體悟靈性圓滿的成就。

生命服務的意義,老子曰:是寵、是辱、都令人驚駭,最大的禍患卻是自己啊!正因為「我」老執著占有自己啊! 要是「我」能不執著自己,「我」又有何禍患呢? 能重視到拿自己的身子去為天下「服務」,這樣才能望以天下;生命在於改變無私以達真善美的人生。服務經由體驗、感動以達靈性成長,所以助人在於生命的服務並發揮其影響力。

助人與靈性成長的關係,當投入服務是對方讓你產生價值,往往回饋得到最多的都是你自己。一個人沒有體驗、感動的能力,其靈性模式是無法開啟的,他參與的意願也不會高,沒有覺知的情感與同理心的能力,也就是愛心、慈悲心的能量還不足夠;當志工服務時是一種修煉,與靈性的引導是雙管齊下,這樣分別心自然不見了。助人卻是生命服務的功課,人與人之間情感真善美的表現,靈性成長在其中,自然愛心也不斷的增值。是被服務者使服務者成長,當服務觸動人心,這種能量的累積,就是靈性上又一次的成長。

大道靈性學術的「神人」

「神人」就是人活著而靈修到達「神仙」的境界，神人也就是「靈性精神」更高於一般人境界的神仙，如磁場能量到達神界、仙界，就自然展現心靈神遊太虛的能力。到達觀音界、菩薩界，自然就展現了其慈悲喜捨助人的境界。還有九百萬以上稱之為「佛界」入門，這已是「神仙聖佛」天界磁場超出「神仙」的另一個「聖佛」境界了。當靈性能量提高了自然會有「神通」的能力。

依天界磁場的能量度，四百萬度磁場稱之為「神界」，五百萬度稱之為「仙界」，五百五十萬度磁場稱之為「八仙界」。羅漢界以下可以統稱之為「神仙界」。六百五十萬度靈魂光稱為「羅漢界」，是意識修行的最高階，台灣的廣欽老和尚就是修到六百八十萬度。一般傳統的修行是意識修行，除了身心的安頓以外，還要精神昇華而羽化成仙。所以，在五、六百萬靈性磁場其展現的境界，就是「神仙」境界。人活著而到達了神仙界的能量、境界，即可稱之為「神人」，如何到達呢？就是修靈魂的能量和境界。

然而與「道」合一的亦稱之為「神人」，哪一個道？就是「大道」靈性學術，七百萬度的磁場稱之為先天界入門，採以靈魂能量的感應能力來替代頭腦意識氣能力，而發揮靈性慈悲喜捨的良

知，良知是不假思索的自然行為，沒有意識頭腦的干擾；七百萬是觀音界，八百萬是菩薩界。進入先天界及其以上，就是腳下有一朵「金蓮花」，是第三眼靈性頻率出竅的交通工具，其不同於傳統意識修練的「神足通」，使用腦意識氣頻率的感應能力，大道靈性學術就是研究第三眼的靈性感應能力，先天界以上就可以開發出靈性頻率的感應能力。所以，也是與靈性之道(大道)合一。

「聖界」是一千一百萬度的磁場，「真佛界」是超過一千兩百萬度的磁場。孔子、老子都是來自聖界的磁場，「真佛」是一個人已經到達了這個境界，佛不是指一個人，而是其已到達「佛的境界」。當人活著的時候有機緣進入大道靈性修練，而到達真佛界的能量(一千兩百萬靈魂光能量度以上)、境界(金黃色體外光加上三圈七彩虹光)稱之為「成佛」。成佛不在人死後，而是一個具「佛」境界的人，有救世、濟人、傳法、傳道的能力，相對於「神人」其境界更高。

靈魂光投胎為人主要是藉著人的身軀而達到靈性成長的修煉，靈魂光最初的投胎是來自 400-1100 萬靈魂光神仙聖佛的天界磁場，端賴靈魂光形成先後而有能量的高低，因而寄託在不同能量的天界磁場。但是在人世間的修心養性與偏私邪惡的行為，能量於是有了高高低低而影響輪迴。其實，回到「原靈」的能量也只是恢復能量而已。累世的修煉最高能量稱之為「本靈」，可以超越原靈的能量，邁向到達 1200 萬成熟的靈魂光能量度。

靈性學術的「神人」是走上靈魂精神修練的道路，是修「靈魂真氣」而不同於頭腦的「意識氣」的修習。而與靈性「大道」合一是「精神」靈光能量、境界的提升，具有較第二眼(陰陽眼)更高的第三眼 (天眼)靈力的開發，並以此能力來展現濟人 救世。「神仙聖佛」的道路上能量境界不斷提升，因而位階(界) 也不斷的成長成熟。一千兩百萬靈光能量度以上稱之為「成熟」的靈魂光。在這精神成熟的道路上，將靈性學術展現在生活上，使自己意識、靈性都到達「自然」的境界。

　　所以,「神人」在大道靈性學術可以說是修習「真道」和靈魂精神生命的人，在修習「心性自然」和進入「大道靈性模式的修練」的道路上，使自己的靈性「能量境界」增長並提升到神仙聖佛的「位階」，活在「大道靈性」的生活上，有能力傳法傳道幫助他人靈魂光成長，或具有第三眼「神通」靈力，其靈性頻率可以來去天地人三曹之人。所以，只要活在到達自然靈性與道合一的精神境界之人，他自己才知道什麼是「神人」的生活。然而，靈性的成就者還有更高的精神境界，那就是穿透生死的「平心靜氣返靈源」。「靈源」就在現今太陽的位置，是宇宙的源場，先培養精神細胞的靈魂光，然後再培養物質細胞的太陽。然而，只有成熟 >1200 萬靈魂光能量度的靈光才能夠續留在源場，祂可以來去自如，不受任何天界磁場的吸附。

十四、膜拜神佛與禱告真主

膜拜神佛的真相

(1)佛像的開光點眼與寺廟

在開光點眼時,因主事的法師或僧侶,其本身主魂精神靈光的能量,極少有到達五百萬度者,因此以其術法或念力〈符籙或咒語〉,所引進神像中的,定是能量在三百萬度以下覺魂靈光而絕少會有「天界」所降的電波,因為"正神"皆有自己的磁場電台,絕不會隨便任人以術法而引接至一尊偶像之中。

而進入神像中的鬼靈,都是有知覺的野鬼(覺魂),因為他雖已沒有了肉體,但他是有知覺的感應,也知道要修行,而在每所寺廟所佔之地理靈穴,也是一個磁場,當寺廟供奉神像,在經過開光點眼後,或經主事者再行法事時,本身的因果電波,及體內外靈電波,會同時打入神像內,而進入神像之外靈電波,會引進頻率相同的外靈精神靈光。還有一種情形,是當有人在某處發生了意外,而巧合的有驚無險,於是在人們的想法,認為可能是有神靈保佑,而對當地的樹木,甚至石頭上香膜拜,而即使是這樣,也同樣的會使孤魂野鬼進入所膜拜的物體中。

而藉機進入寺廟中神像裡的覺魂靈光的「鬼靈」,也會顯其神通感應來度人救人,期望以此顯化之功來修果,而得果成

「神」。因此，在廟中所供奉的神佛之中，雖然絕大多數只是鬼靈魂魄，但仍有其靈驗。但一般人到寺廟中對所供奉的神，有所求而遂其願時，總會懷感恩的心而去還願，不過，有些寺廟中的神，會讓沒有去還願的人，發生不順利或是意外的情形，試想，若是真正的神佛豈會有如此狹小的器量？

雖然絕大多數的寺廟中，多是鬼靈魂魄寄託在其中，但是他們都是人們肉體死亡後的「覺魂」或「生魂」，而「覺魂」即為人的意識，若其人在生前待人處事，心正慈善，意外冤枉而死後其覺魂定未下地府，而寄託於寺廟的神像之中，則此鬼靈也會發揮救世，若以行為的標準來看，能保佑人、幫助人的，他雖是鬼靈，但也可視為「正神」。最常見到的是到處都有的「土地公」，稱之為「福德正神」。

雖然有真正的正神電波降臨的寺廟不多，但其降臨並非由法師開光點眼所能請來的，而是該座寺廟坐落的地理好，正好建立在極佳的地理靈穴上，此地理靈穴能和正神頻率電波感應，加上寺廟中的人事和順，又能真正地度人救世，才能使得寺廟中的神像真正得到該神像的電波降臨，而發揮感應的能力，並非是那位得道的高僧或法師，以術法或念力所請來的。不過即使有該神的電波降臨，該寺廟也還是必須要人事合順，及真心救世度人，否則，正神所降的電波也會中斷。

(2)神祇靈光絕不會寄託在寺廟的偶像之中

其實每一位神祇，都有祂固定寄託的天界，除非祂自己想降世投胎，否則不會來到地界，而神祇的生命靈光是絕不會寄託在寺廟的偶像之中，更不可能付託在別人身上顯靈。因此，「神」是不可能受到法師或僧侶，以術法所能請到一座偶像或人的身上的。以一般最常見的「觀世音菩薩」，他的主魂精神能量是 700 萬度，以宗教的說法，「觀世音菩薩」是居住在「南海普陀山」，以一個凡人只憑念一些咒語，進行一些儀式，怎麼可能將「觀世音菩薩」請到凡間呢？

若以能量來論，祂的能量是 700 萬度，表示這一點靈光是寄託在 700 萬度的磁場，其主魂精神能量有 500 萬度，但距 700 萬度還差了 200 萬度，無論以任何術法或念力，最多只能達到 500 萬度以下，絕不可能達到 700 萬度，這種情形就有點像以一根五尺長的竹竿，想去取下一個懸在七尺高處的物品相似無法取到。當然這只是個比喻，並不很恰當，因為"開光點眼"所請的對象是"神佛電波下凡"，並不是物品，賴以使「祂」降臨的，也不是竹竿，而是主事者的能量。但以術法或念力，也可以請到「祂」，只不過絕大多數都是「覺魂」精神能量在 150 萬度左右的「鬼魂」。

但如果有一個人，他的「主魂」靈光的能量有 700 萬度，他就可以把 700 萬度天界，也就是菩薩所寄託的磁場電台(根)的電波能量接引到供奉的神像中，如果其「主魂」靈光的能量有九百

萬度,他就可以接通900萬度界天佛的磁場電台(根),而把他的電波能量請引到神像中,只不過目前的宗教修持或一般的靈修,以其靈光能量是很難接引到菩薩或佛天界的磁場電台的電波能量。例如,在700萬度的天界,可看見「觀世音菩薩」及其他許多為菩薩的形象。以「觀世音菩薩」為例,在「觀世音菩薩」所寄託的「南海普陀山」,還有許許多多的靈光,這些靈光的能量,都是在600萬度到700萬度之間。但在民間寺廟中朝拜的神佛之中,有許多觀音,而且人人都說他所供奉的,是「觀世音菩薩」的靈,甚至有人說他供奉的,是「觀世音菩薩」的正靈。其實,那是不可能的,凡成神的靈,都有其寄託的天界,絕不可能隨便降靈在人間的寺廟,或壇堂所供奉的偶像之中,更不可能會附身在某人的身上,但許多的寺廟或通靈人,都說他們所供奉的是某某正神,或附身的是某某正身或分靈,這又是怎麼回事?

(3)寺廟的偶像中存在的大多是鬼魂

若以宗教或神話色彩的方式來解釋,這件事是這樣的,我們還是以「觀世音菩薩」來作例子,在「南海普陀山」,「白衣大世觀世音菩薩」就是此一天界的主神,此一天界之眾神、菩薩,及未曾投胎轉世之靈光,或雖曾投胎,但卻未在所歷經之轉世中修成神的靈光,皆受「觀世音菩薩」之統領。「觀世音菩薩」欲度世間苦難之眾生修真返源,所以派他身邊,或同一天界的靈光下凡,投胎為人,然後修持度人。

與「觀世音菩薩」同磁場之附近靈氣下凡投胎轉世，當得到肉體之後，有些還能修行追真，行善度人，但有許多卻被人間的花花世界所迷惑，或因於自己的七情六慾的意識，而根本忘了自己來到人間，投胎為人的目的。可是當這個人死後，其靈魂(主魂)會輕浮飄飛回其死時靈光能量度數的天界寄托〈如死時，靈光能量已消耗至400萬度，靈魂即只能到400萬度的天界寄托，而不能回到原來700萬度的天界〉，但必須等待在地府的覺魂和生魂，受完審判和刑罰，才能再度投胎轉世。

　　有時人已往生，它的靈魂雖然已回到天界，但其覺魂或生魂卻未到地府報到，而此人在生前也曾修行，雖然有時「覺魂」覺得死的不甘心，但因為生前有修行，而本性較善良，於是有些則在人跡罕至的深山，找一處好的地理靈穴，在該地理靈穴中潛心修行；有些則因其本靈是奉「觀世音菩薩」之令而來到人間，因此，其覺魂會進入寺廟所供奉的「觀世音菩薩」的偶像中，顯化其靈通來度人，以此來繼續他的修行。因為與「觀世音菩薩」同一磁場的靈氣投胎為人的「靈」很多，人死後，覺魂未到地府報到者也很多，所以各處寺廟所供奉的「觀世音菩薩」神像中，才會有許多自稱(藉通靈人或乩童之口，或扶鸞所傳出)是「觀世音菩薩」的神靈；其實，絕大多數是人死後，未下地界報到的「覺魂」(鬼魂)而已。(以上部份節錄自《探討天眼妙法》)

禱告真主

上主創造諸天,惟有祂是「上帝」,祂造了大地,堅固祂的根基。 祂不使大地荒涼,卻使它成為人的居所。祂說:我是「上主」,再沒有別的。 (以賽亞書45章18節)

什麼是禱告?

禱告是基督徒呼求神與神相交的一種途徑,也是與神正常關係的一環,合神心意的禱告能使我們得到神的開啟、引導,明白神的心意,有實行的路途。但在生活中,很多弟兄姊妹都感受到我們禱告時只顧把自己想要的跟神祈求,但神是否垂聽我們的禱告我們卻不知曉,禱告時感到乾乾巴巴的。想想如果我們的禱告不蒙神稱許,我們就感受不到神的同在,靈裡黑暗下沉,失去與神的正常關係,也得不到神的開啟、引導。那我們該怎麼禱告才合神心意,蒙神垂聽呢?那就是存著順服的心向神禱告,以誠實的心向神禱告,體貼神心意的禱告。

建立與神的正常關係很重要。人信神愛神滿足神,都是用心來接觸神的靈,以此來獲得神的滿意,用心來接觸神的話,因此而受神靈的感動。要想達到有正常的靈生活,建立與神的正常關係,首先必須把心交給神,心安靜在神面前,全心傾向神之後才能逐步產生正常的靈生活。人信神若心不給神,心不在神的上,

不以神的負擔為負擔，那他所做的都是在欺騙神，都是宗教人士所為，不能獲得神的稱許。若你的心能夠傾注在神的身上，安靜在神的面前，那你就有機會、有資格被聖靈使用，得到聖靈的開啓光照，更有機會獲得聖靈對你不足之處的彌補。在經歷中看見，心安靜在神的面前，這是一個最重要的問題，關乎到人的靈生活、人的生命長進問題。若你的心安靜在神的面前，你追求真理、追求性情變化才會達到效果。

什麼是神、主？基督教教義相信一位獨一的神、主，名為YHWH/YHVH (新教聖經和合本譯作耶和華，天主教譯作雅威)或可譯作亞威，亞呼威，祂是自有永有、全能、全善、永恆的「神」，是這個世界的創造者與維護者。按照第一次君士坦丁堡公會議的結果，祂是三位一體的神：有「聖父」、「聖子」、「聖靈」(聖經和合本譯作聖靈，聖經思高本譯作聖神) 三個位格。祂創造了人，也拯救犯罪墮落的人，祂派自己的獨生子耶穌基督為人類贖罪，拯救一切信靠祂的人。

基督教與猶太教、伊斯蘭教殊途同源，關係錯綜複雜。按時間的先後—猶太教、基督教、伊斯蘭教—後來出現的信仰對前面的信仰多多少少有些承認，同時又有很多的發展和變化，而前面的信仰卻不承認後來的信仰；神的名子是「耶和華上帝」(基督教、猶太教)「阿拉」(伊斯蘭教) 神創造天地，並造人，神是世界的審判者。以基督教而言，耶穌是聖子真神，「新約聖經」是

神最終的啟示。以伊斯蘭教而言，穆罕默德是最後使者、先知和天啟諸教復興者。「可蘭經」是神最終的啟示；各宗教對於「神」有不同的稱呼，猶太教和基督教中的神，常被稱為「上帝」或「上主」，而伊斯蘭中的神，則被翻譯為「真主」；但這三宗教中的「神」本質是同一位格的。

靈性學術對「禱告」的觀點認為：禱告是心想事成，是一種意念頻率的意通。由口中說出禱文，意識波頻從舌竅送出，或意識「想」的波頻從頭頂靈台意竅(腦覺魂磁場)射出。若與地界的靈相通稱之為「靈通」(第二眼)，波頻是無形界的訊息語言，就是將自己的意識波頻調到與某靈相同電波頻率。但面對「聖靈」與「鬼靈」卻沒有能力去分辨；「靈性」就是沒有思考的心靈，是一種心念頻率的心通，由寶房結的心竅 (生魂磁場) 默念(非想)指令，將靈性能量 (靈魂真氣) 的波頻從第三眼竅射出。與天上的神的能力相通稱之為「神通」(第三眼) 若要與天上的神佛相通，你的靈性能量要夠高才能到達其高位階寄託的天界磁場。或你的波頻要調到與其相同的波頻就能接收(感應)到其送來的訊息。

靈學的上帝、阿拉、無極至尊屬同一位格

大道靈性學術闡明了「上帝」是宇宙第一顆生成的靈魂光，具有最高的靈魂能量，也具有最高的靈力。因為宇宙精神「靈光」

的生成較諸物質細胞的「太陽」更為先天，是華嚴世界自然創生的見證者。先天靈魂光依生成時間的先後不同，因而有了能量的高低，於是有「成熟」的靈魂光(>1200萬靈魂光能量度)「未成熟」的靈魂光 (<1200萬魂光能量度)，「上帝」則以大悲慈愛來照顧未成熟的靈魂光在投胎做人的人生過程中磨勵，使自己的靈魂光成長並幫助他人靈魂光的成長，以及能量境界的提升而能夠到達更高的位階。

　　「大道真理」闡明了，上帝、阿拉、無極至尊屬同一位格(位階)，分別屬於基督教、伊斯蘭教、佛教的教「主」。上帝以降經由轉世而有不同分支的成就者。許衡山明師在「釋迦牟尼佛的轉世紀錄」的說明如下：釋迦牟尼聖佛來地球轉世肉體，他（無極至尊）也有轉世過一隻「七爪的金龍」，在七爪的金龍後轉入人體，他的第一世就是轉在當時中土最　早最原始的「伏羲氏」，這伏羲氏有拿一個八卦，之後他來　造「八卦」，造「道」自古以來，中國就有「創道」下來了，　就是伏羲氏的八卦後，就進入道門的修持及探討。

　　然後他再轉世，轉世「姜子牙」，當時姜子牙在那時，在人身的生活問題，不順不如意，這也是天命所帶的因果，所以當時姜子牙也是在西岐城有這個「天權」和任命，由他來封神，可以說「腳踏西岐城，封神就有名。」在那時開起道統，「真道」降在那裡，也可以說是第一回，所以真道在兼有德法術三才的姜子

牙那時就已經問世了,然後姜子牙之後的轉世,就是流傳到印度。

　　印度王國的太子「悉達多」,他就是有修持因果,他當太子時的願望,及所看的一些眾生的生死病苦,所以他甘願來捨王國太子的位置,甘願離開而去修道,去啟發探討體內玄機,最終也讓他完成了這願望,達到成道正果。然後「釋迦牟尼聖佛」他當時在要圓寂時,他曾說一句話,以後他再來的名字就是「彌勒聖佛」, 他要下來就是來救劫,要來行道,要來傳法,渡人,傳教,可以說所下來的「彌勒聖佛」他就是萬教的教主,可以這麼說;因為有修持因果捨棄太子的福報出家修行去了,拜過六位師父,修苦行六年,成道時35歲,在菩提樹下悟道,也讓他修成了正果,三身成就。在釋迦牟尼聖佛成道正果,他可以將他體內的另外二魂,覺魂即是腦意識魂,和肉體魂即是生魂,他在一世的人身,將這二條後天所培養的精形層面,培養到有自然的光,有自然的先天界的度數,可以說他成道正果時,將他一尊的靈魂寄體,再帶二尊到西天界,所以在佛門中所看到的三寶就都是相同的臉。

　　「三寶佛」圖的中尊就是手抱「金明珠」,就是「釋迦牟尼聖佛」的本靈,就是靈魂的本尊,他的左邊那尊,他的左手就是捧著一朵「金蓮花」,這尊就是「阿彌陀佛」,在他的右手邊那尊,他的右手拿著一個「九寶塔」,這尊就是「藥師佛」。

　　這三尊可以說是歸在釋迦牟尼聖佛的靈魂降在人身肉體來

所培養出來的二條魂魄,他將之培養到有達到先天境界的靈光,他就將其帶入其所寄託的境界,可以說他那的腦意識魂覺魂和生魂肉體魂。第二魂本來是肉體玄機所造化出來的的靈光生命,所以在人身肉體的玄機就是說啟發大智慧,因為這種靈魂真氣的威力,常在他的體內循環造化,所以將這二魂培養到有先天的境界,可以說,他這三魂有三條的性命,任何一魂都 可以轉生一個肉體。

由上可知,「無極至尊」與釋迦牟尼佛,釋迦牟尼佛三身成就包含了阿彌陀佛和藥師佛,與此三寶佛以降的神佛,如達摩是阿彌陀佛的覺魂、孫中山是藥師佛的生魂。耶和華「上帝」與耶穌基督關係,其磁場能量位階等同於無極至尊與孫中山,「阿拉」與穆罕默德的關係,都是來自其覺魂或生魂的「成就」而在某一個轉世為人而造就出來的關聯族群,等同於無極至尊與釋迦牟尼佛。釋迦牟尼佛以降其「主魂」磁場的記載都是一樣的,是可以追溯到源頭(無極至尊),但是能量要夠高才可以感應而解讀出來。

宇宙是上帝創造的嗎?

基督教認為宇宙是上帝創造的,祂創造了天、地、萬物和宇宙,同時他還是宇宙萬物的主宰者,上帝又本著祂自己的形象創造了人,所以上帝是全人類的「天父」。上帝並賜給人不滅的靈

魂，但人卻因各種慾望和邪念，而使得人們沉淪，於是上帝派祂的兒子－耶穌來到人間，希望能將世人的罪惡洗淨，能讓靈魂恢復到完全的聖淨，讓每一個人都能回到天堂，得到永生。

回教認為阿拉是宇宙間獨一無二的「真主」，天地萬物由祂所造，而穆罕默德是真主阿拉派到人間，來拯救所有迷途的世人。而真主阿拉是至善的、公義的、慈憫的，所以派穆罕默德來到人間，教導世人，要能辨善惡、明是非、歸真主，才能在死後回到天國。

佛教則認為人人皆有佛性，甚至萬物皆有佛性，但因為人受到十二因緣之累，而造成種種業因、苦果，而生生世世輪迴，難脫此苦海。要脫離此苦海，必須要能定慧齊修，廓清無明的迷昧，及貪愛的執著，去除一切的執障，體悟真性之空無與無我，才能超生了死，得道成佛。(以上部分節錄自《靈學真理-天眼》)

宇宙是如何創生的呢？是有一個主宰者、創造者或是見證者嗎？宇宙從中心磁場的自然生成的嗎？許衡山先生在《靈學真理-天眼》一書中揭示：在宇宙初始，一片渾沌之時，無形精神體與有形物質全都不存在，整個宇宙只是一片黑暗。當初宇宙空間尚未開泰，仍是茫然無際，一片黑暗之時，其南北兩極陰陽電波，無形之中相互感應於焦點（中心點），而產生了「中心磁場」。有個地方是萬物的起源，在那裡純淨的能量單純存在著。這個中心磁場於是先培養了精神靈魂光的生

成，所謂的「精氣」，之後在同一源場又培養了物質細胞而形成了「太陽」在有光(能量)就有生命的概念之下，陽光化育萬物的生成。

道家所言,有從無生,而無之中並非什麼都沒有,還具有「混成之氣」,這個「氣」成了無中生有的混沌之原。靈學所言的是精神靈光的「精氣」。這「氣」在人體之中稱之為「靈魂真氣」,在人體之外稱之為靈魂「光」。而靈魂光是無形之中相互感應,在宇宙中心磁場中自然生成的。然而,實相是「精神靈光」優先於「物質陽光」的生成。

宇宙本來是黑暗無際的,但是自從太陽形成後,整個宇宙空間變成光明。偉大的太陽光芒,照遍宇宙的每一個角落後,使得靈光各自飄離陽光,歸向其寄託處。這個宇宙經過陽光的照射,日積月累的培養,宇宙的物質細胞一一形成,物質生命也一顆一顆被陽光所培養,在有光就有生命的原則下,物質細胞終於佈滿了整個宇宙,華嚴世界也漸漸的形成。

在物質培養的過程中,愈接近太陽光芒範圍的,所受的培養力也就愈強,而在太陽系七大行星中,木星、火星、金星、水星、土星、天王星、以及地球等皆是比較接近光能的星球,所以能快速成長,其餘的星球也繼續在培養生長中。因此有生命的星球是受到太陽光的培育而慢慢形成的,例如當初地球也像現在的月球一樣,沒有生物只有礦物,當太陽的光與熱不斷地照射與孕育之

後，產生了物理和化學的反應，這都是很自然的現象。

　　有沒有上帝、真主的存在？有的，祂就是宇宙的第一顆靈魂光。先天精神靈光是永生的，只是能量的增減，人的輪迴轉世的磨礪和靈氣在人體先天氣道的循環就是靈魂成長的契機。所以，眾多未成熟的靈魂光有機緣要轉世為人是不容易的，做人的無形目標還是要使自己的靈魂光能夠成熟到佛的境界(佛不是一個人而是一個精神境界)，以靈學的觀點，神佛是典範，尊敬而不是膜拜，是回到恢復靈魂的本來真面目(成佛境界)，是回到初心而不必向外求或祈禱，重要的是自己的頭腦意識要臣服於自己無意識的靈性，因為修頭腦意識(勸善的宗教)無法到達靈性。而是人道走完走天道，直接修養心性的自然，修習靈性的能量境界。

十五、如何面對死亡和葬儀？

小田晉在其《生與死的深層心理》一書中說：實際上並沒有任何人有過死亡的經驗，為何有人知道「死後乃有世界」呢？同時，為什麼有這麼多人對死後的世界抱著高度的興趣呢？因為絕大多數人不了解自己死後「何去何從」，所以感到害怕。而為了克服對死亡的恐懼感，人們只好透過各種方法或各種想像，試圖解答這類問題。所以，人們對於死亡有恐懼感，主要有兩個原因，第一個是害怕自己會消失，第二個是不知道自己死後會到什麼地方去。

如何與死後的世界(靈界)連繫呢？因為人類對死後世界充滿好奇和探索之心，自古以來就存在很多與亡靈溝通或探索的方式，在西方的字母盤扶乩、降靈會、招魂術、觀亡術、前世回溯、前世催眠等。在東方，流傳已久的有托夢、圓光術、入陰術、入定靈魂出竅、碟仙、沙盤扶乩或字畫扶乩、牽亡魂、觀靈術等等。(此段文摘自《正見－輪迴轉世》之〈探知前世來生的願望恆古不衰〉一文)

黑格爾在《死亡的現象學》一書中說，死不是作為淨化的分離 (靈魂和肉體)，而是作為毀滅的揚棄。死亡的否定性在此無可爭議，也不曾被迴避，痛苦沒有因解釋而消除，也沒有因慰藉而化解，而是被承受下來。只有這樣才會產生認識，認識的使命

恰恰在於：賦予過去的東西以未來，賦予毀滅的東西以新生。

關心家人和想要瞭解死後的世界，聆聽一為中介人(靈媒)傳遞一些據說來自死者的空話，因而浪費錢財，看到了死亡(如宗教)便成了一宗商業買賣；死亡現象學要求我們要謹慎地去分析材料。並以一種豐富的敏感性去對待那些極其複雜，曾控制人類產生有關死亡信仰與實踐的壓力，具體而論，在先驗的意義上，有些壓力來自於後來被人奉為上帝的某種相互作用的實體，這樣的事實是無法否認的。就我們現在已掌握的證據而論；所以說，人的恐懼非來自死亡，而是來自未知，因未知而生恐懼。現今有了大道靈性學術問世，當理解了靈魂光的真理實相，就能夠解開了人生的生死之迷。

人死之後「靈魂」是否還存在這個世間？為什麼有看不到的「神靈」世界？通過「靈媒」而連繫了陰間的鬼魂是真實的嗎？

經由「靈魂光的真理實相」闡釋，其中的「三魂七魄」的運作就可以解開這個生死的實相；當人死亡的剎那，「主魂」已經回天界磁場，留在人世間的是其「覺魂」和「生魂」，因為它們是後天魂無法上天界。世人混淆了這三魂的認知，與亡靈溝通或探索的方式只是穿鑿附會和以偏概全的民俗或迷信。因而種種的死後世界情景，對過去世好像還有蛛絲馬跡可循，並造成對來世的憧憬，也是試圖自己創造虛擬實境的夢想。然而，如果了解了靈魂的轉生，在人道完成而走上天道之路，這就可以穿透生死，

則來世的選擇權可以掌握在自己的手上。

人死亡三魂七魄的消散

死後的世界在《西藏生死書》裡有詳盡的描述，中陰身的經驗就是整個死亡的過程，從瀕死到死後如何安住自己的神識，在此說明一個人在斷氣後，如何踏進一個死後的世界；死後世界還有一個天堂與地獄，它存在哪裡？真的有天堂和地獄嗎？還是只存在於人心？一般人都會說人死亡之後三魂七魄都消散了，三魂屬靈界，七魄屬情緒氣魄，都是看不到的。我們來聽聽「新靈學」來闡述三魂七魄在死亡時的實相是什麼了？

先天魂的主魂投胎為人，又培養了兩個磁場，並創造了兩個後天魂，覺魂和生魂。主魂具有累世的記憶在其轉世輪中，而覺魂只有此世的紀錄。三魂在人死亡時，主魂即刻離開軀體回到其所剩能量度的「天界磁場」寄託，後天魂的覺魂和生魂，無法上到天界，只好流落人間。「地靈氣洞」磁場是其寄託之處所，而有壽終的人才能夠到地府報到，寄託到「地府」。

當人死亡時，靈魂為天魂即循天路輕浮上升歸回天界。且有修心養性。覺魂則在死前即已先下到地府報到 (壽終)，「壽終」是累世最高年齡。在人將死時，又回到人體內，所以人臨死時，有時會特別清醒（亦即迴光返照），人死後再往地府報到。待肉體屍腐見骨，（覺魂）再回到人間來，將沒有知覺的生魂帶往地

府，二魂合為「陰魂」，接受地府各殿閻君的審判 (清洗)。這是人在地界的「根」，下世投胎時根有工作要做。

人死亡三魂各歸其所，生魂在肉體完全消滅之後才跳出來，所以較多存在於靠近墳場、或火化場之處的地靈氣洞；六識感應竅門就是眼、耳、鼻、舌、心、意；這六個感應能力的門戶，分別以看、聽、聞、觸、味，以及感應的心、意通。經由意識、身軀的自然機制，以及情緒、累世人格的特質，因而產生了七魄情緒的反應，那就是喜、怒、哀、懼、愛、惡、欲。通常認為人的七魄，三魂七魄在死時即消散化滅。

人具有三魂，有感應竅門和記憶能力的只有主魂和覺魂，就是其靈魂真氣和腦意識氣頻率，可以有出竅感應的能力。但是在死亡的當下，覺魂將一生的記錄，包含死、傷、病劫 和習性，約在六個小時將其傳輸給已經回到天界的主魂。於是，主魂又多了一世的轉世記錄在其轉世輪當中。在傳輸的同時，由於耳朵是人體第一個啟動和最後關閉的感覺器官，旁邊爭吵的事，或將其身體器、官予以傷害的事，都將包含在傳輸記錄之中。

對於西藏人的死亡認知，西藏度亡經將人死分為三歷階，一是初期的－臨終中陰。二是中期的－實相中陰。三是末期的－投生(受生) 中陰。「臨終中陰」是在初期明光與祈求護免中陰險難的善願。所以，在生前的修習就練習可以很安詳的進入臨終狀態，由上師來引導進入「臨終中陰」而到斷氣。「中陰」就是歷

程,在斷氣之前是第一個歷程。通常人們說的人死六到八小時不要去移動身軀,還有西藏臨終中陰靜心或唸經的引導,都是有其原由的。

中陰身的經驗

以藏傳而言,有中陰身的說法,在中陰身(實相中陰)的頭幾個星期,我們不知道自己已經死了,我們回家去會見家人和親愛的人。我們試著對他們講話,摸他們的肩膀,但他們並不回答,也完全察覺不到我們的存在。唯有在知道自己沒有身影,在鏡子裡面沒有反射,在地上不留下足跡時,才終於瞭解自己已經過世。在受生中陰裡,我們會重演過去世的一切經驗,每七天都會被迫再次經過死亡的痛苦經驗。這時的意識是活著時的七倍強度,在受生中陰的快速階段中,前世的惡業全部已非常集中而混亂的方式回來。死後審判和瀕死經驗的生命回顧有著有趣的雷同。

終極而言,一切審判都是發生在我們的心中,我們既是主持審判的人,也是接受審判的人。整個受生中陰期間,平均長達四十九天,最短是一個星期。我們必須在中陰身等待,一直到與未來的父母親產生業緣。我有時候把中陰身想成過境室。但有兩種人不必在中陰身等待,因為他們的業力強度可以把他們立刻吹到下一世。第一種人生前過著大善和精進的生活,他們的心是在修

行中已有良好的訓練,因此他們的證悟力可以把他們直接帶到善道轉生。第二種人生前過著大惡和墮落的生活,他們會迅速下墮到三惡道轉生。

我們有什麼辦法可以避免再生或選擇下一世嗎?中陰教法提出兩個特殊的法門:第一個是關閉再生之門的指南:「一切事物都是我的心,而這個心是空的、未生起的、不受障礙的。」如此思維,保持心的自然和專注,溶於自性之中,就好像將水倒進水中,維持本來面目,自在、開放、放鬆。讓心自然自在地安住,你一定可以關閉所有轉生之門。下一個阻止再生的最好方法,就是把可能成為你未來的父母觀想成佛、上師或本尊。至少你必須試著產生不被拖進貪欲得捨離心,同時想到諸佛的清淨國土。這將阻止再生,並可能讓你往生佛土。(以上部份節錄自《西藏生死書》第十八章受生中陰)

守護家族的神靈

在古代墓園就是家園的一部分,祖先們的靈聚集形成了保護家族的「神靈」,而且大都是使用土葬,於是可以庇護子孫,祖墳就成了「風水」之說;台灣每當總統選舉,就有專家在評論某候選人的祖先墳墓的風水,言之鑿鑿。但很奇怪,國外卻無此一說,也只能說,信者恆信,不信者恆不信了。

人過往的剎那,主魂立即脫離身體,從頭頂靈台離開,回到

天界相當於剩下能量的磁場寄託,而覺魂在傳輸此生的紀錄給主魂,當傳輸完了,立即跳脫覺魂磁場而存在於世間。以前一般人大多是在家裡過世,於是家裡附近的地靈磁場就會是覺魂的家,而生魂等到見骨,也會離開軀體,墳場附近的地靈氣洞則是他的家。

地上村莊是家族的繁衍,地下的冥界地靈磁場則是相關的家族長輩。於是,祭拜祖先,成了早晚躬親省思,認為人死後可以成神,因而祈求祖先保佑闔家平安。另一方面也是意識頻率的交通,能夠請其指點迷津或裁示。地靈氣洞好像都是親朋好友,於是成了守護家族的神靈。至於生魂呢?子女是父母生魂頻率的綜合體,可以說相同父母的兄弟姊妹,生魂頻率都相同。不過,其中某人的感應特別強,這樣子在墳墓中的生魂,當其不順暢、浸水或成了蔭屍,則會感應影響此人的身體健康。在一般的民俗中,甚至於託夢說,使病痛而去問神明,要求燒紙錢房屋,要娶親,風水有問題。

其實,瞭解了靈魂光的生死實相,種種的迷思都可以獲得解答,都是人的腦覺魂想像的,和受到外來靈體的影響。欲知道你的想法的外靈,只要讀你的腦覺魂,就知道所有。所以守護家族的神靈,不見得是自己的家族前輩。掃墓是慎終追遠,現代人流行火葬,也不再有墳墓可以掃了,所以祖墳風水也就不再被人們迷信了;一個稱為很好的地磁寶地,墳墓也只有生魂存在那裡,

覺魂大部分在死亡地點附近就跳出去了,而靈魂第一時間就回天界去了;因而,從每一個宗教所衍生出來的「生死觀」,不盡相同。死後的禮儀和死後世界也不盡相同,反過來這些都是在撫慰活人的心而已。人死亡之後,塵歸塵土歸土,三魂各歸其位,不住在祖先牌位中,不住在骨灰之中。

土葬或火葬的差異

土葬是傳統,火葬是現代人的方便,在西藏還有所謂的天葬。若有殘餘,則將其焚化。

靈性學術的觀點

靈界事務都可以經第三眼的透視來印證其真理實相。三魂在人死後各歸其所,主魂回天界磁場,覺魂和生魂,若是此人壽終,則可以到地府磁場報到寄託,沒有壽終則是流落人間,地靈氣洞磁場就是他們寄託的家。只有「惡靈」會進入人的磁場寄託,影響了此人的命運,當人死亡時分得一些主魂的能量而離開,尋找下一個寄主。以前的人說,亡者見親人會七孔流血,這也是因為相同生魂頻率的感應,現代人在醫院則是生命跡象的心電圖會跳一下。土葬的「生魂」約八年以上才脫離肉體。其間影響是家中某人生魂頻率的感應,造成身體健康的影響;火化之後的骨灰之中並沒有「靈」的存在。透視神主牌之中也沒有「靈」。親人相片的追思是較祭拜來得有意義,因為,祭拜是與所有的鬼神溝通。

古代的人墳墓是家園的一部分，留下的覺魂、生魂成了守護家族的「神靈」。其實，風水之說是環境的陽光、空氣、水的組合，而風水師的風水之說，又加上了靈氣，也就是形象來訂定地靈的氣勢，如果此人葬在此地靈，則其有能力庇蘊其子孫或成為帝王。對靈學而言，沒有風水之說，好的「風水」就是一個人的靈魂能量很高而且帶著走，到哪裡運勢都很好。

「超渡」只能度後天魂的覺魂和生魂(陰魂)到地府。靈性修行可以出脫一般人的認知，可以盡除外靈，可以增加能量、境界，可以自度，可以開發出靈力；「覺魂」成了野鬼，「生魂」成了孤魂。鬼魂是由很小的一個黑點靈光，而幻化出來的影像而已；人死後的葬儀越簡單越好，重要的是在活著的時候，有機緣接觸到「靈魂光的真理實相」和「靈性生命的使用手冊」。那死後的世界和天堂地獄都可以盡逝迷思。

曾經有一位心智通透的人說：「死後不留骨灰，不設墓地，不後人祭拜。」是的，骨灰之中沒有靈，身軀火化了也不必設墓地，在自己親朋好友的心中追思，也不必年年祭拜。因為人的主魂已經回天界了，覺魂與生魂所形成的鬼魂，寄託在地靈氣洞，或遊走在冥界。祭拜則是面對冥界，而找不到確切的個體，反而追思感應他還有可能接收到。

大道靈性學術告訴我們，主魂回天界磁場，祂是永生的不會被破除，只是能量的增減，不同能量位階的天界磁場，其界於最

低的一百萬靈魂光能量度到一九九萬之間的是卵生動物，兩百萬到二九九萬之間的是胎生動物，三百萬以上才能轉生為三魂動物的人，有許多人曾墮落到轉生動物。天界磁場在一千一百萬度以下的靈魂光，其能量度是依靈光生成的先後序而有了高低，未滿一千兩百萬度的稱之為未成熟的靈魂光。所以，靈光的投胎轉世其目標就在使自己的靈魂光成長、成熟，到達成佛的境界。如何做到靈魂能量的成熟、境界的提升呢？現今有真道的降世，有大道靈性模式的修練，除了真修實練之外，最快的捷徑就是去服務、去做就是，去幫助他人的靈魂光成長。

　　當人們知道了靈魂光的真理實相，知生死，知鬼神，知宇宙天地，也知道死後三魂的歸所，主魂回到天界寄託在剩下能量度的天界磁場，回不了原靈的家。所以，對死亡不再恐懼。相反的知道了生命的意義是在使自己的靈魂光成長，經由人世之間種種的磨礪，提升了心性自然，靈性能量的增長。死亡是人生必經的一大慶典，也是生命圓滿的句點。人短暫的一生對靈魂光而言，就如牛車輪著地的那一點而已。對不死的靈魂而言，生死是頭腦的業力系統，如何在活著的時候來修練靈魂的能量和境界，使生命本自圓滿而達心性自然，即可以超越生死。孔子說：「不知生，焉知死」，人生的生命句點之前的敘述內涵創造了靈性的昇華和誕生，這個生才是新生死學的重點。

十六、超渡自度與天堂地獄

他度與自度

「他度」可以用在度亡靈、度親人；《度亡經》的「自度」，是在生前要瞭解中陰，也就是死後境界的旅行指南，而臨終要由上師或善知識對一個人宣讀的。死後則是「他度」的行為。這部經典說明了，神識 (靈魂)是唯一真實的，生死只是一種循環的過程，由於人有來生。所以，要以慈悲善待所有的生靈。對「超度」是一種自己對來生的一種期待而已。

靈學「度亡靈」的做法是，許許多多的孤魂野鬼成了流浪漢，他們也希望能有人將其度到地界的「界天磁場」，也就是「地府」，這個是壽終的陰魂才能報到的磁場，這就是由「他度」；有天眼靈力者以「金法船」靈物可以度大量的外靈。然而，若要度親人，天眼靈力者將自己親人度到地府，或將已經在地府的親人，必須依度者的能量度(可到達的能力)，以「金蓮花」度到某個「天界磁場」。(以上部份節錄自《靈學寶典》)

一般的超度只是精神寄託

現在來說超度的事，這超度就是在講過往的親人要如何將其超度到天庭，有時什麼七月十五在普渡孤魄野鬼，這也是一種的

超度，還有說地府一些親人在那，要超度上天庭，這也是超度，所以這超度的真理。就是你得知道你的親人或要被超度的魂魄確實在你面前，還是說你可以確認他就是你的親人，假使你今天用他神通還是意識神通來感應你的親人，你自然等於跟他接觸上了，現在問題是你所修你的能量能飛到天界多高的地方，這樣你才能接引他到你所修的程度，才可以到那麼高的境界。

以天眼來超度，是可以看得到那個人，可能認清那個人，且天眼的境界，一定可以超度到本來所修的境界，就是可以到先天七百萬度以上，若普通的超度，用唸經或符咒來超度，這是他的唸力，這都沒感應的問題，這唸力到底有沒讓他上去，也沒有辦法印證，主家當然是照古時的觀念用這樣超度，就唸完，付完錢就沒事了，就是說一種的風俗觀念，讓主家得到一種心理上的寄託而已，但是有沒有上去，就是說，只能信他這樣唸一唸，有沒有上去也沒辦法去追究。

這超度的問題就是說，今天若是用唸經或符咒就可以超度的話，這可以說比較沒有真理實相，這怎麼說，就是說你今天所唸的，你是唸什麼人，你說可以超度，你是超度了什麼東西，也自己都不知道了，所以，超度者也不一定都得去修持感應，也不用練什麼出竅的功夫，他只要去學別人怎麼做他就可以怎麼做，別人這麼唸，他跟著唸，這樣就可以上去了。所以這靈界的事就比較沒有真理實相，雖然印證不到，但是有感應的人或是有天眼能

力的人來透視觀看,根本就是作作樣子賺著工錢而已,根本魂魄還是留在原來的地方,所以這超度的問題,就是說一定你要知道他的靈體靈光在那,你要能發射你的感應能力將他吸住,吸住後,你能飛多高,你能走到那裡,你才能將他帶到那裡,這就叫做「超度」,今天就是這超度的問題,就是自古到現在的觀念,都差不多是自己找一個精神上的寄託而已,無法去了解他的真相。(以上部份節錄自《探討天眼妙法》)

現代的超度

「超渡亡魂」在人死後,主魂依「天路」歸往天界報到,覺魂和生魂則往「地界」報到,有些則飄遊在「人間」成為孤魂野鬼。無論是哪一種情形,由於人們慎終追遠的觀念或孝心,總希望自己的親人能脫離地獄的審判與刑罰,並且能超生入天界為神,於是請僧侶或法師,以某種儀式來超渡亡魂。人藉著某種術法或咒語的力量,來調動「靈氣」所寄託的位置磁場,將飄遊在人間的孤魂野鬼,「超渡」入地府,似乎可行。

若沒有眼通的能力,也根本沒有辦法肯定所超渡的鬼魂,是否真的已被超渡上了天界或下了地界。一般的超渡大多用符咒或念經的方式,那是以念力去「感應」,但是念力真能把魂魄超渡上天嗎?當然,依古時候的觀念,用這種超渡儀式後,可能可以讓超渡亡者的家人產生心理上的安慰,而實際上有沒有渡上

去，並無法追究真相。所以用經文或儀式法會來超渡，並沒有真理實相的依據。

怎麼說呢?你所唸的對象為何?能超渡的又是什麼?連超渡的人自己也不太確定。而且超渡者修持能量不一定高，也不必修練出竅的功夫，只是學別人怎麼做，他就怎麼做，照著前人所教的唸一唸，有沒有渡上去也無法印證，所以一般的超渡往往成為一種精神上的寄託而已，並無法了解到真相。超渡亡魂是將地獄的鬼靈送上天界，是「人」藉著某種術法或咒語的力量，來調動「靈氣」所寄託的位置〈磁場〉，而以人的能量，應該足夠將只有一百多萬度的鬼魂超渡脫離地獄才對。想將飄遊在人間的孤魂野鬼，「超渡」入地府，也不是做一場法事，或念念經，畫幾張符就能辦得到的。進入地府的鬼靈，就等於被一個大磁場所吸附住了，若沒有足夠的能量，照樣也是無法超拔其中的鬼靈。

依照民間的說法，在地府中的鬼魂，必須按其生時的功過接受審判，待其受完刑罰後，才能再投胎轉世，只是一場法會或幾張符錄，或有意所做的功德，怎麼可能洗清所有罪惡的因果，免去所有的刑罰，而脫離鬼界直升天堂呢？超度從人間度到地界（府）以及從地府度到天界（磁場）。不是能量夠就可以，還要具有天眼靈力。有天眼才可以確定有沒有度上去，還是留在原地。(以上部份節錄自《靈學真理－天眼》)

超渡的實相

從人間到地府再到天界

（1）從人間度到地界（府）－一般的亡魂超度飄遊在人間無處可去的孤魂〈沒有意識知覺的生魂〉和野鬼〈有意識知覺的覺魂〉，有些會躲在深山的靈穴或水邊潛修，有些寄託在寺廟的偶像中，以顯化其神通渡人助人而修行，還有些四處飄遊。就算主持法事的法師，本身的主魂精神有五百萬度，但只憑術法或咒語，還是無法將這些鬼魂超渡而送進地府的(但可以使鬼魂離開原地)。

因為鬼魂雖然能量低，但也是生命靈氣，是無形的，當鬼魂有了寄託之後，就等於進入了一個磁場，以一般人的精神靈光能量或各種術法，是很難將之移動的。而施行超渡法事的法師，若沒有眼通的能力，也根本沒有辦法肯定所超渡的鬼魂，是否真的已上被超渡了天界或下了地界，使得做法會的結果，只不過是死者的家屬花了錢，盡了人事，了卻一件心願求個心安，而做法會的僧侶或法師，則是拿人錢財替人消災。

（2）從地府度到天界（磁場）

有「天眼」能力者，或將在人間飄遊的孤魂野鬼送入地府，有能力可以將在地府受苦的鬼魂超渡上天。到地府超渡亡魂，除

了要有足夠的能量，還必須要承擔該鬼魂的因果，將此鬼魂送上天界。這時的「超渡」就是把在地府的親人超渡到天界去。過世的親人要如何將他們超渡上去呢？超渡的真理就是，首先你要確定被超渡的親人在你面前，一定要確認他的身分。

而想要在未完成淨化之前就使其靈體可脫離地府，送達天界，則必須承擔其所有未受完的刑罰及因果，還要有足夠的能量將此鬼魂送上天界，使其在天界繼續修行培養能量。那就要看你所修的能量能飛到多高，才能將他接引至你所修程度的同等高之境界，在天界繼續修行培養能量。所以不是用嘴巴唸一唸就是渡人，超度並不是這麼簡單的事情，渡親人有一定的過程，有竅門神通有感應能力者才能渡親人。但有「天眼」能力者，有能力可以將在地府受苦的鬼魂超渡上天，或將在人間飄遊的孤魂野鬼送入地府。因為有「天眼」能力者的能量，可以達到一千二百萬度，而超渡亡魂，除了要有足夠的能量，還必須要承擔該鬼魂的因果，這也是一般術法無法達到目的的原因之一。

（3）超度的人要具備的能力

要有能力找到與確認此人的靈體，就需要有天眼的靈力。能量度要夠才能到達地府和相當能量的天界，不是用嘴巴唸一唸，而是自己有靈力到達。超度的人能量要夠而且要能夠承擔其因果也有天眼靈力將其送到某個天界。包含第三眼的透視、與磁場主人感應溝通、頂禮、請其開示，載運靈體到達目的地。所以，一

般人的超度是將靈體送到地府,而親人的超度就要承擔其因果,並獲得地府的同意,穿上保護袍,才能接引到天界。

天眼靈力者的超度實相

超渡亡魂自古至今都是大同小異,所用的都是一些後天的術法,如符、咒或是唸經等等。在天眼靈力的透視而言,超渡就不同了,因為天眼靈力能夠觀察得到這些已故親人的魂魄目前在何處,自然能夠找到這個魂魄的靈體生命,而將它超渡上去;但是所渡的並不是主魂這條靈體生命,主魂在人往生時就已回天界去了,所以是渡後天的這兩條覺魂靈體和生魂靈體。這兩魂大多都是覺魂先離開身體,覺魂在人死後六小時內即已脫離,而生魂則要等到所有肉體的生機能力都消失、腐爛見骨了才會脫離身體。

天眼要超渡要看往生者往生多久?生魂是不是已經脫離?這都要經過查證,還要查清楚是不是壽終而死?「壽終」就是有迴光返照。若是意外死亡、在外自殺,或是突然間死亡,也就是今晚睡了,明天就死了,這些情形就無法到地府報到。覺魂在人往生六小時以後就先脫離身體了,所以要超渡一定要先渡這條覺魂,假使查出生魂也脫離肉體了,就一定要渡兩魂。因此一般要超渡時,要先透視查看這兩魂寄託在何處,如果已到地府報到,就要到地府去超渡。

今天有天眼能力的人才,無論上至天庭神仙聖佛的寄託處,

或是下至地府超渡親人，都有一條明確的路，是以腳踏「金蓮花」飛到這些磁場，至少要飛幾分鐘，不是幾秒鐘就出現在你的眼前。要注意，絕對不是幻覺，不論是到天界磁場或地府超渡親人都是一樣。所以有天眼靈力的人才如果想超渡親人，只要對方的一張照片即可，他將這張照片輸入自己的記憶中，然後下去地府時報對方的名字及何時往生，再以天眼透視去指認，因為在地府同名或是同時間死亡的人有時可能好幾個，一旦認出來，就要請示地府的地藏王菩薩是否可以超渡？地藏王菩薩如果答應要讓你超渡，你就可以渡了。至於能超渡至何種境界就是依你修持天眼靈力的程度而定，你如果修到菩薩界的能量，你就可將它渡到菩薩界，如果修到聖佛界，你就可以將它渡到聖佛界。透視能力能夠接引靈體，是因為可將靈體的磁力吸住，所以今天你要渡它到那裡，它就會跟著你飛到那裡。但是有陰陽眼的人在超渡時，當他看到外靈時，就已吸住了外靈而仍然不自知，所以他也不知道外靈是否已進入他的體內。因此一般有陰陽眼能力的人在渡人救世，或是面對外面的靈體時，很容易被外靈侵入，當你看到或感應到它時，就已經把它吸住了。但是一般人無法斬斷這條吸力，所以外靈在無形中就跟著這條感應電波侵入人體，這叫做擔到（承擔），這一點要很注意。所以有天眼靈力的人在超渡親人時，以「金蓮花」為交通工具，腳踏金蓮花，一邊坐著要超渡的人，親自將它送至天界。（以上部份節錄自《探討天眼妙法》）

大量的超渡

若是七月十五超渡，就要用我們天眼靈力第五項系統靈物「金法船」，祂可以超渡為數眾多的外靈。這艘「金法船」叫出來之後，你可以隨意將祂變大，並將祂停留在你要超渡的地方，即使用隔空也可以。但是你要發個心念：「所有的外靈生命，今天若要被超渡就趕快上船！」在天眼透視的鏡頭中，你就能看到很多的外靈生命，大家都爭先恐後要爬到船上去。等它們都上船後，才可以將眼睛睜開，但是要有一個心念：「呼叫金法船，若已載滿靈體，可以自動將它們送到天界，讓它們都下船後再自動回到我眼前。」這種說法就和第八項系統靈物「金葫蘆」同樣的意思，所以在超渡時你可以打開眼睛做別的事，等時間差不多了，再閉起眼睛將靈物收起來。所以天眼超渡或是開光點眼，都是以透視能力去面對外靈生命或天界磁場的源頭、電波，你若渡得了才是真正的功夫。

所以天眼靈力的超渡不用任何祭品或冥紙，是非常經濟又方便的。但是現代人的觀念就是如此，不相信不用祭品、冥紙也可以超渡。你若有天眼的透視能力，就知道超渡不是用嘴巴唸咒。一般傳統的超渡根本不知道誰在超渡誰？只是用古老風俗留下來的步驟唸一唸，至於有沒有渡上去，可能連超渡的人自己都不知道。所以一般都是花一些錢辦個儀式，就可以對親戚朋友、左鄰右舍交待了，內心有個寄託就好，這是一般的觀念。

靈學真理提供前世有修持因果、天生竅門感應的有緣修持者，擁有能力去渡人救世，也就是說有此能力的人，不能執著或迷信這些風俗觀念，因為我們是真理實相，絕對沒有迷信。這是一條真道而不是宗教教派，世界各地的宗教都可以一起來探討研究。由於現在的宗教都是由「道」來顯「教」，所以要將宗教歸為一道是最重要的。宗教的宗旨能勸世，但是並不能讓你返源歸宗或脫離生死輪迴。了生脫死要靠真道的妙法過程和本身的造化，修心養性、不違背良心、不欺師滅祖，如此絕對能夠達成返源歸宗、脫離生死輪迴的目的。

外界的孤魂野鬼卻越來越多？所謂亡魂，就是人身肉體的物質生命結束後，三魂出竅離開身體，並未歸檔而留在人世間冥冥空間中的覺魂與生魂，或是留在地府磁場的魂魄。人有三魂，人死後主魂會直接回天界磁場自動歸檔，而腦意識魂（覺魂）和肉體魂（生魂）這兩魂會到那兒去呢？如果是遇到意外或是突然死亡，這兩條魂魄就會流落在外面當流浪漢，也就是所謂的亡魂；如果是壽終正寢，有迴光返照的現象，覺魂與生魂則會到地府磁場報到，雖然在地府磁場，但此兩魂也算是亡魂。

人死後親人多半會為他舉行超渡儀式，無論是各宗教靈修，或是有感應的人，都有超渡儀式的流傳。但這些超渡儀式假使能超渡得成，照理說外面的孤魂野鬼應該一直減少才對，不可能像現今，外面的亡魂不僅沒有被超渡，反而越來越多。人的靈魂轉

世，一個肉體就多生出兩條覺魂與生魂，假使轉十世就多生出二十條。

超渡應該會使亡魂數目減少才是，不可能會一直增加，但我們發現，現在人間的亡魂數目已經超過地球人口數的千萬倍了。如果運用靈學真理實相的理論來超渡，一定要能接引亡魂到某個磁場寄託，才可能使亡魂數量越來越少。自古至今的超渡儀式大多是用嘴唸經或唸咒，到底有沒有效果，連超渡者本身都不知道。用念力進行超渡的儀式，無法看見或感應，也沒有磁力將靈光吸住，如何有辦法將被超渡者的魂魄生命超渡至天界呢？所以必須用智慧來判斷與印證。亡魂如果不是用靈學真理實相的超渡，那麼外靈生命的靈數就會越來越多。

所以關於超渡亡魂的問題，究竟哪個法門的超渡才是屬於真理實相？我們要超渡亡魂或是孤魂野鬼，一定要有竅門和它們感應，才能夠印證認明，知道它們在什麼地方。超渡者的境界如果有多高，就可以將它們超渡到多高的地方（天界磁場），這種才是屬於真理實相的超渡。所以如果要認清你所要超渡的亡魂身分，沒有天眼透視能力是無法做到的。(以上部份節錄自《探討天眼妙法》)

天堂與地獄

伊曼紐・史威登堡 (Emanuel Swedenborg) 在《天堂與地獄》(Heavenand Hell) 一書中，闡述了他來自即將再來的主的啟示。主耶穌是天堂的神，主耶穌基督是與天父合一的神。基督徒相信主是天堂的上帝，因祂教導「一切所有的，都是我父交付我的」(太 11：27；約 16：15 約 17：2)並且耶穌說「天上地下所有的權柄、都賜給我了。」(太 28：18)。在天堂主耶穌是唯一被敬拜的真神，若無信靠真神的信心，將被拒於天門外。

在天堂人們說話是透過意念來傳達。所有的一切皆來自神，任何出於為己的動機皆非真理及良善，因缺乏從主來的生命。為己之需的意圖而行善，套用天使的語言，不能被稱為「良善」。因為動機是為自己。為他人之需而行善是他們所謂的「從神來的良善」。主住在天使及屬於祂的人的裡面，並且主是天堂所有。這是因主的良善來自主的內住於其中。所有我在天堂的經驗，都可為著神性是來自主，影響著天使們，及天堂的創造，皆因著主的愛而做見證。每一個天使和靈魂的周遭，都有屬靈的榮光綻放且環繞著他們。因著這些榮光，人們可以從相當的距離外，即可認出他們愛的特質。人們因為愛主而對愛付出，及因著愛鄰舍而對人有愛的付出都會因此轉而向神。

在天堂，上帝的神性是愛，因愛能接納所有屬天特質，亦即和睦，聰明，智慧，及愉悅。一昧的愛自己和愛世界的人則無此接受的能力。他們背道而馳，且拒絕從神來的靈流，甚至躲避這

一切。天堂是由兩個國度組成的。整體而言,它分成兩個國度,更明確而言天堂有三層,並劃分成無數的社區團體。天堂被稱為「上帝的國度」(the kingdom of God)。兩個國度,一個稱為屬天的國度 (heavenly kingdom),另一個稱為屬靈的國度 (spiritual kingdom)。屬天國度的天使吸收較多的神性,它們被稱為內向的,或較高階的天使們。就智慧和榮耀而言,是遠超過屬靈國度的天使,是因他們吸收更多從主來的神性。盡管天堂是分為兩個國度,但藉由主的靈流,天堂仍然具有單一的完整性。

天堂有三層,每一層都有明顯的區分。都各具有一個中央或第三層的天堂(centralor the third heaven),一個介於中間的或第二層天堂(inter mediate or second one),及一個外圍的或第一層的天堂 (Out most or first)。就像房子的最高處,中間及最低的區域;人類的心智的深層架構亦是如此的模式。我們擁有一個中央的,介於中間的,及最外圍的天性(nature)。從主來的神性流入中央的或第三層的天堂,稱為屬天的。從主來的神性流入中央的或第二層的天堂,稱為屬靈的。從主來的神性流入中央的或第一層的天堂,稱為自然的,自然是包含著屬天和屬靈的性質於其中;每一個天使或靈魂都有三個內在的層面(innerlevels)。內在層面被打開與否,是根據此人對於上帝的良善和屬靈真理及恩賜的接受程度而定。

天堂是由無數個社區組合而成,天使們並不全都聚在一起,

而是依照其個人對良善的特質信心回應的光景，分別居住在大小不一的社區理，相同工作性質的天使們，則會群聚成單一性質的社區，或因著其良善的不同被區分出來。所有各人共同組成的社區，臉部看起來都有共同的相似性，但細部則各有不同。天堂的每一個社區反映著其單一性，並有著和人類相似性的結構。所有在天堂的人之穿著識反映著他們的聰明和智慧，最有智慧的人其穿著之服裝猶如燃燒般的閃耀發光，有些人的穿著則輻射著光芒。較無智慧的人則穿著純白且柔軟不發光的衣服，那些較少智慧的人亦穿著許多不同顏色的衣服。我曾經參觀過天堂的宮殿，其壯麗的景象超越言語能形容的，其上層結構閃耀著好像是用純金所造，而底部結構看起來像是稀有寶石所造。每個殿宇是一個比一個更加的輝煌燦爛。

天堂在每個人心中，似乎每樣事情都和這世上的情形一樣嗎？ 都有其定位。在靈界裡，各人在意念裡的思念可以瞬間使自己出現在對方眼前，移動的速度是按照其心意而定。天堂是來自人類，是因著天使們和我們的心智非常相像的事實。我們靈性的心智是以自然的方式思考，當我們的靈不再受肉體的拘束時，我們便不會再以自然方式思考，而是以靈性方式思考。一旦如此，過去以自然的方式而言是不可理解，或無法敘述的，以靈性方式思考都可達成。過著屬天的生活，並非人們所想的那麼難。(以上部份節錄自《天堂與地獄》)

靈學之之天堂與地獄

　　宇宙創生之中，自然形成的天界磁場，散布在廣大天界如無形氣泡的磁場，供給不同能量度的靈魂光寄託。天堂指的就是天界磁場那個無意識的世界，在沒有頭腦意識是一種靈性空無的境界。但是，人們所認知的天堂和地獄，是頭腦的觀念與累世記憶的反射；靈學所認為的「天堂」就是主魂所寄託的「天界磁場」，「地獄」就是覺魂與生魂在人死亡之後，所希望寄託的「界天磁場」（地府）。

來自善惡的天堂與地獄

　　許衡山先生在演講中描述，收錄在《靈學寶典》一書之中。天堂和地獄於古代唐朝皇帝李世民時就曾經談過，有人將它畫下來，而成為流傳於民間的觀念。在這觀念裡，天堂中所見都是珍珠瑪瑙或黃金，能夠去那兒的人們都很享受、很快樂；但如果是地獄，就會有閻羅王的審判，在人間做壞事的人都要受到被切割身體或是下油鍋等刑具的懲罰。關於天堂或地獄的種種描述，其主要的宗旨是勸世，用意是教導大眾在人間不要做虧心事，如果胡作非為並非死後就可以一了百了，一旦入了地獄，應該受的刑罰與苦難就會沒完沒了。

宗教以天堂和地獄的觀念來引導信仰者，這是宗教的教義，但我現在要談論的是真理實相，可改變年輕人、有緣人和靈修者的一些觀念；人有智慧，動物則無，當人擁有智慧時不修心養性，儘做些偏、私、邪、惡的事，當然會使能量下降，因此來世做牛做馬沒有了腦意識，要做壞事也就不可能了。

靈學的天堂與地獄

　　什麼是天堂的實相呢？天堂指的是天界磁場，是主魂的寄託處，人在死亡後，主魂會離開肉體前往天界寄託，所以主魂是不可會墮入地獄的；天堂（又稱天庭、天界或極樂世界）和地獄（又稱地府）都是無形靈體生命寄託的磁場，只不過天堂是靈魂（主魂）所寄託的地方，地獄是人的腦意識魂（覺魂）和肉體魂（生魂）所寄託的地方。

　　靈魂（主魂）在人的壽命結束後就飄飛回天界磁場，並不會到地府（地獄）磁場寄託，因為主魂靈魂光是無形的先天自然靈光，是創造有形物質世界的一份子，直至目前已過了億萬年，祂是不生不滅，永遠存在的。只有物質的東西才會生滅，無形精神的先天生命—主魂是不會被消滅的。但是主魂最怕的是靈光能量降低，無法返回原來的天界磁場，而影響到下一次的轉世，如果能量不足三百萬度就無法寄託在人體內，會轉生到畜牲道去。

人死後要到天堂或極樂世界，在世為人時就必須要行為端正，若不想下地獄，就必須要有慈悲心。本身如果不修心養性、不身體力行，就只是空有執著想去天堂、極樂世界的觀念而已，觀念上可能是上去了，但是你的靈魂（主魂）卻無法到極樂世界去。極樂世界是一個能量很高的地方，必須有三寶佛以上的境界，如此才是能稱得上是極樂世界。

　　現在有些人為了名、為了利，可以說得天花亂墜，也可以無中生有。其實，我們要探討自己肉體的玄機奧妙，要以肉體的竅門感應才能看到無形真實的狀態，才知道原來自己的主人是誰，也才知道生命的意義；如果這一世的主魂能量不足三百萬度，表示腦智慧是用在偏私邪惡、酒色財氣等方面，而沒有善用腦意識的智慧，因此損害了主魂能量使其下降，如果這世結束時還沒有補充到三百萬度，則又會導致主魂在下一世轉生為畜牲。

天堂與地獄自在人心

　　其實，一般人所說的「天堂」，只是對所有天界的統稱，宗教家雖然對天界的說法不同，但究竟的精神，卻是相同的。實際上，天界就是無形的「磁場」，每個「靈光」依其能量的不同，定寄託在與其能量相同的「磁場」內，例如一個七百萬度能量的靈光，定寄託在七百萬度的磁場內，九百萬度能量的「靈光」，則寄託在九百萬度的磁場內。每一個磁場，各具不同的能量，也

各有不同的頻率,即使相同的有兩個七百萬度的磁場,這兩個磁場的頻率,也有所差異,而各自吸引頻率相近的「靈光」寄託於內。

天堂與地獄自在人心,天堂也就在人間,當保持自然在道之中的平衡,你就在天堂裡了,如果失去了平衡,你就在創造了地獄生活。「天堂」與「地獄」就在你快樂與不快樂的選擇,和在「道法自然」的生活體驗之中。所以在日常生活中,保持「心腦定靜」讓靈魂真氣啟動,讓一切處於「自然」無意識狀態,那就是活在人間的天堂境界了。

靈魂光的真理實相與三魂在生死過程中的運作,可以由第三眼追蹤證實,具有靈力者可以拜訪神仙聖佛的天界磁場,也可以在超渡亡靈的時候拜訪界天磁場(地府),就是來去天堂地獄(地府)是可以自如的。每個族群的天堂與地獄都長得不一樣,從神話故事,宗教的勸世諫言,民俗漫畫,累世的記憶,都勾勒出自己人之的天堂與地獄,所以天堂與地獄就是頭腦的產物;沒有所謂的天堂與地獄,而只是一個天界的磁場,或是地界的磁場。若有天堂地獄,是存在人的頭腦意識之中,也在人心,各有不同的解讀。每個人都可以尋求精神生活的天堂,也可以自找的而隨時墜入那無窮慾望的深淵。一個修心養性的人,保持著心腦定靜,沒有自我的執著,心性自然,他就是活在人間的天堂了。

人間天堂與地獄，開啟靈性模式的生活就是活在人間天堂。有人錯把人間享樂作天堂，活在每一個人自己覺得舒適的地方就是天堂，天堂充滿寧靜、真實的愛與快樂。所以在靈性真實狀態下，靈性能量的流動品質就是天堂。當頭腦停止了，靈性能量的啟動，那個心腦定靜、無我不二的自然境界就是天堂。人是真正的天堂就是，躺在棺材裡頭，主魂回到了天界磁場，那個地方才是真正的天堂，那一個空無，無意識的世界。其實人世間是要自然的煉心性，獄能量，走天道，回源堂。那上天的天界磁場才是真正的天堂。

謙卑踏上靈性的道路──人生是靈魂修煉的道場（處世篇）

十七、通往靈性成就的大道已降世

老子 (Laozi)在《道德經》(The Book of Tao) 中已闡明了，「道」(The Tao) 沉默生長、生而不有、為而不恃、功成弗居。「大道」(The Great Tao) 無名、無形、無情、無象、順從自然、大道無私、無為自然、不留痕跡、無心為用、不用算計；「道可道，非常道，名可名，非常名」：「道」是可以說的，但說出來了，就不是那恆常的「道」。「名」是可以表白的，但表白出來了，就不是那恆常的「名」。為什麼「大道」無形，而「道」不可說而說之呢？ 因為,「道」的修為是生命的功課，是一種回歸靈性的精神境界。

靈性是精神本源，在大道中生長。「生命」看內裡的不看外表，看生長的不看既有。而「修行」則是挫掉銳利、解開紛雜、柔和亮光、和同塵世、不追求有、返回生命、本源是「無」；自然大道是「自然」(Nature)，是「大道」，自然就不在意他人，而是自自然然，自然大道，原本富足，尋於「本源」，自在自得。大道就不避崎嶇，何路非大道也。大道是看不見的、聽不著的，但它就在生長中！

老子《道德經》第一章裡講得很明白。「無名天地之始，有名萬物之母」。在話語還沒有介入以前，唯一的狀態是整個天地元初的狀態（無名），而經過話語的介入以後，才使得萬物成為

萬物，所以話語的介入本身，使得「有名」(話語) 變成萬物之母。當我們人參與到天地以後，因為人參與了天地，所以有萬物。為什麼這麼說呢？其實原先「天地、萬物、人我通而為一」就是道，由於人的觸動觸發，就使得天地萬物人我原來通而為一的狀態有了很大的轉變，這個轉變就是因為話語（頭腦意識）的介入。話語的介入使得天地人我萬物這個總體的狀態起了很大的變化，這個變化就使得萬物從總體狀態裡面出來。

　　道家區隔「言」跟「道」，「道」是不可說，而話語可說，不可說就是「無名」，可說就是「有名」。無名是有名更為原本的本原狀態，這樣一個「道」的狀態，必須經過話語才能夠將「道」彰顯出來。或者我們用另外的詞來說，「道」的彰顯本身，必須經由話語的介入，才使得彰顯走向「對象化」。這是很複雜的「存有學」上的問題。我們必須追溯到這裡，追溯到這裡有一個用處就是，道家在談治療的時候，有一個獨特的地方，它認為我們必須清楚話語的介入所造成的問題，所以我們必須能夠擺脫整個話語的介入所造成的麻煩，而回溯到「存有之道」上。就這一部份來講，跟佛教哲學可以有些相關，甚至類似，但總的來講：「佛」與「道」，一重「緣起性空」，一主「無為自然」，他們仍然是不同的。從名言概念，話語的介入，從「有名」指向一個對象，徹底的對象化以後，使得那個對象成為一個被決定的「定名」，這個定名本身就帶有「執著性」，這個執著性就帶有染污性，這個

說法跟佛教頗為接近。你要對執著性跟染污性有所治療的話，必須通過整個反思，回到本身內在的整體，要做到如此，我們對於整個話語的介入，要有一個非常高度的覺醒能力。

所謂高度的覺醒能力就是，其實你應該時時刻刻保持著在人們還沒有介入話語以前的狀態，你要重視那個狀態。還沒有介入話語以前的狀態是一個什麼樣子的狀態？就是「天地、萬物、人我」通而為一的（靈性）狀態，也就是一個實存的真實的狀態，於是話語介入的那些東西通通可以被解開，因而「無為自然」才能踏上「大道」。（以上「話語」部份節錄自林安梧〈道家經典的現代詮釋與身心靈的治療〉）

大道與道之門

(一)「道」和「天道」的涵義

「道」在中國哲學的涵義：(一)道，意旨「道路」，引申為人生和萬物自我實現完成生命的大道。(二)道，意旨「言說」如老子所謂「道可道，非常道」，道是不可思議，言語道斷的。(三)道，意旨「能生的根源」，生生不已。老子說：「道生一、一生二、二生三、三生萬物。」易經謂：「易有太極，是生兩儀，兩儀生四象，四象生八卦。」(四) 道，意旨「變化的規律」，易經所謂：「一陰一陽謂之道」陰陽的往復，律動式的替換，陰長則陽消，

陽長則陰消。這是宇宙萬物運動變化的究極規律，道家所謂「天道」往往指自然律，亦即自然運動變化的規律，所謂的「道法自然」。

所以，「道」是宇宙運行的法則，無法言說，無為而無不為，是萬物能生的根源，具陰陽變化的規律，道法自然。老子《道德經》亦說「道」是：「沉默生長、生而不有、為而不恃、功成弗居」。而其「天道」是：「不爭善勝、不言善應、不召自來、繟然善謀、利而不害、聖人之道、為而不爭。」

「天道」，崇有論的代表郭象於《莊子注》中說「自己而然，則謂之天然，天然耳，非為也，故以言之。以天言之，所以明其自然也，豈蒼蒼之謂哉！」…故「天」者，萬物之總名也。莫適為天，誰主役乎？故物各自身，而無所出焉，此「天道」也《齊物論》此是以萬物自已而然，無任何外力使其然，解釋「天」和「天道」。所謂的「天道無為」。故萬物自已而然，無任何外力使其然，也就是沒有一個主使者，而是「自然」。

唐代學者孔穎達的《周易正義》，通過對《周易》經傳的解釋，進一步闡發了道家反對「目的論」的傳統。其解復卦《彖》文「復其見天地之心乎」說「天地養萬物，以靜為心，不物而物自為，不生而物自生，寂然不動，此天地之心也。天地非主宰，何得有心？……以人事之心，托天地以示法耳」；他將「靜」解釋為無有意識，以「天地之心」為無心而發，說明萬物自為自生，

無主宰者使共生。此是對郭象義的闡發。所以說:「天道無為,天地無心,往往是人心來認知天道的心,但天理不等於人心。」心外有天,「人道」應符合天道,但不能以人道為「天道」,更不應認為人心能夠創造天道或天理。

氣學派的奠基人張載「以氣釋天」。他說「由太虛有天之名,由氣化有道之名」《正蒙。太和》,所謂「太虛」指氣的本然狀態,即「太虛之氣」他以氣化的過程為「天道」。認為「氣化」的過程即「天道」,既無意識和目的,也非人心所能造化。「氣」雖無形,卻生生不已,出於自然,無使之然者。他強調不能因為人有思慮,具有仁德,從而認為天和天道亦有人心和人德。 所以,人心、人德都是善人修心養性,靜心向內,心腦定靜的基本修養。但如何修「太虛之氣」(靈魂真氣)而進入「天道」呢? (以上「天道」部份節錄自朱柏崑〈道家的思維方式與中國形上學傳統〉)

(二)「大道」靈學與老子的對話

老子《道德經》的「大道」:「大道之音,無聲可聞;大道之象,無形可見;大道隱微,無名可識;就只此大道善於助長萬物、成就萬物!」,「大道之成,若有所缺,它的作用,永不衰敗! 大道滿盈,若有所虛,它的作用,永不窮歇!大道平直,像是屈折;大道巧妙,像是愚拙;大道善辯,像是口訥。」所以,「大道」

無名、無形、無情、無象、順從自然、大道無私。只要讓開、無為自然、不留痕跡、無心為用、不用算計。

老子認為靈性修行是「挫掉銳利、解開紛雜、柔和亮光、和同塵世、不追求有、返回生命、本源是無」。有形有象的東西必然會毀壞，無形無象的東西卻可以長存！修行，不是去追求「有」，而是回返於生命的「無」，「無」是本源！「說」了有作用，但「不說」有時作用會更大。「說」與「不說」之間要拿捏恰當；不是不做，而是做了要放下；放下才能自在，才能開啟新局！

學者洪寬可在《老子 常清淨經》一書中說明「大道」，老君曰：「大道無形，生育大地。大道無情，運行日月。大道無名，長養萬物。吾不知其名，強名曰道。」道的三種特性：(一)大道無形，生育大地。「無形而自彰，無象而自立，無為而自化，故曰大道。」(二)大道無情，運行日月。「無情故無住，無住故無束，隨機而有所化。」(三) 大道無名，長養萬物。「名」的意識就是無法形容，「道引無名，乃生天地」，所以說：「道生一，一生二，二生三，三生萬物。」

以大道靈性學術的觀點認為，老子是一千一百萬靈魂光能量度的磁場主人之一，其對道、靈性、自然的境界已經到達人的意識所能感應領悟靈性本質的最佳境地。他將這無形的精神狀態做了一個很好話語有名的詮釋，如果清楚了他所講的是無形精神的

「靈性」，以及到達無極的「道」和道法「自然」，就可以知道他所講的完全是對無形精神生命（靈魂）的認知，這不是一般人用意識知識所能到達的，至少能量度要到達他的高度才有此靈性「境界」的認知。然而，一千兩百萬靈魂光能量度（三圈七彩虹光），也就是成熟的靈魂光，在本質上與一千一百萬靈魂光的境界（兩圈七彩虹光）是大致相同的，所不同的是，有更高的靈性能力而能夠去實踐、去做、去成熟、去到達；一直用頭腦意識去做是無法到達靈性的，而是要直接從「靈性」能力的實踐來著手，這就是「大道」靈性學術誕生的指引之一。一千兩百萬靈光能量度以上就是「佛」位階的境界，是靈性能量經由體驗、淨化、心性自然、增加能量、靈力開發、實踐去做才能夠到達的修練。

「大道」靈學是闡明了靈魂光的真理實相，解決了人生的三大問題，知幽冥、知鬼神、知生死，因而領悟了生命的意義。再經由靈性能量的淨化、增加，以靈性能量的靈魂真氣來突破腦意識氣，不斷的提升境界，乃至於超生了死。這是靈魂光可以成熟，成就的道路。兩千五百多年前至今，以修靈魂的能量的靈魂真氣而達到「三身成就」的也就是只有希達多太子（佛陀）一個人。現今的宗教大多是修意識法門，是使人們能夠有心靈上的寄託，這在以前的時代，是可以修到純淨的腦意識氣，也會產生感應神通的能力。然而，現今的環境對金錢、權力、無窮私欲的追求，重用意識而導致受到外來靈體的影響。所以，要修到純的腦意識

氣已經不容易了。大道靈學是回復靈魂光本來的真面目，不再是意識法門的修持。直接啟動靈性能量的靈魂真氣，修養心性的自然，走在「大道」上，即可到達靈性的成就。

靈性從悟道修道成道才能行道

進入靈修，進程則重在尋道、入道、悟道、修道、成道、行道。進入不同的法門，就有其不同的「道」，有些人往往尋尋覓覓，認識了這個法門的道，在還沒能進入到這個道，又換了一個道。當進入了一個道，而且有所體悟，於是一門深入的去修道。

所以，進入靈修可以將其分成四個階段：

第一階段－「悟道」就是進入修行，有機緣遇到真道，是得道的第一步，大道修行是著重在心性的改變，修心養性乃處處是道場，心性修練是在生活的點點滴滴之上。在此階段首先要認識自己，習性上和意識不自然的改變是一個很痛苦的事。所以，修行者要有堅定的信心決心以及精益求精的精神，才能夠脫胎換骨。

第二階段－「修道」就是已經走在修行的道路上，首先欲恢復先天自然體，就得進入大道靈性模式的修行，在意識和心性自然的修養基礎上，體驗先天啟靈法，使能量境界不斷的提昇；這是一條漫長且充滿荊棘的道路，有人坐在路旁休息說是為了走更

長遠的路，但往往碰到阻礙就失去勇往直前的力量。所以修行須要有團隊的相互扶持，大家團結一心、分工合作，要有老師的引導，要有完全的道心，修行才能脫胎換骨，重新獲得新的生命。

第三階段－「成道」就是靈性修行的修道成功，大道就是靈魂光成熟的大道，成熟的能量是一千兩百萬靈魂光能量度以上，體外光是金黃色以及三圈以上的七彩虹光境界。成道就是讓自己已經成為脫胎換骨的個人，到達了某些靈性的成就，也是靈性成就的典範，靈魂光也開發出靈力，用以救助其他的靈魂光成長。

第四階段－「行道」的力量具備了影響力，具備改變個人乃至於全人類的能力。所以說要先成道，從人道、天道到道成，「大道」是全世界的，當心能容全世界，於是才能行道。在靈性的能量境界的修習，最終靈的開發出來，具救世的弘願於是去做就是，救助眾生的靈性精神次元進階。

然而在這悟道、得道、修道、成道、行道的過程，卻必須經過層層的關卡，改變頭腦的認知、觀念反而較改變本靈磁場的習性來得容易，因為，很多事情都是人自己作繭自縛，所以必須付出破繭蛻變的痛苦與努力，才能激發出轉化的能量，像在剝洋蔥一般，一層層的慢慢剝落，這每個剝落過程都是重生。然而，在靈性之中的習性洗滌淡化，盡除負能量，能量境界的不斷成長，心性的自然，靈力的開發，乃至於服務眾生，則有賴於進入第三篇「大道靈性模式的修練」來詳述了。

成道不是修出來的而是做出來的

　　第三眼的啟發，從靈魂真氣的流動，能量、境界的提升，大道靈性模式的修練，以靈魂真氣來突破腦意識氣，以先天啟靈法來恢復先天自然體，自然的開出「金明珠」，以及其附屬的頻率的天眼系統靈物開發。於是，從自我的修練去傳法、傳道，進階到以靈力來濟人、救世。為什麼修道的人多如牛毛，而成道的人少如牛角？當由悟道、修道，得道，成道，自己有得到了第三眼的能力，就是要去「做」，去實踐你的靈力，去幫助他人的靈魂光成長，這樣才能「歸元」，才能「道成」。所以說，「成道」不是修出來的，而是做出來的。

　　體悟最快速的方法是，去幫助和促使他人的開悟，而靈性提升最快速的方法是去幫助和促使他人靈性的成長。幫助他人就是關懷、給予、服務，關懷只要屬靈的一句話，並沒有控制，給予並沒有目的，服務眾生就是生命成長的功課。當從頭腦意識化成沒有目的給予，天使心的服務以呵護靈性的成長，當開啟了他人靈性的展現，無形之中自己的心量境界都到達了。服務與被服務之間是一種感應，一種性靈的，若沒有躺在那裏被服務的對象就沒有人間菩薩的出現。

　　第三眼的開啟與擁有自身的靈力，這些要化成服務眾生的能力，因為你已經擁有渡苦救劫的能力，幫忙人們解除因果真病，

幫忙人們去除身體內的負能量，幫忙人們走上靈性成長的大道。能力要不斷精進是經由服務人群而做出來的，不是學習來的，要靈性能量成就也是做出來的，不是沉浸在靜心的各種功法之上；服務是本身要有慈善的能力和能量，當你發現身邊有些人產生了慈善疲乏，就是其能力不夠了，或是靈魂的能量不夠了。服務不要做超過自己能力的事，那就會產生不自然。

以前各宗教的「教主」，為了使「信徒」能明心見性，才能進而啟發其本身的奧妙感應能力，以達到渡人救世的「大乘」功法（行道），然才能達到「成道」的願果；因之才創出「經、書、詩、典」，來普渡眾生，從善去惡，以達到「修持」之基礎。至今各宗教的經書詩典的含義，來發揮其「說法」使人們能去開悟，但要修持的歲月或開悟的很徹底，要能達到「願果」成道去，或永不再轉世人間，和喜上「天堂」而不下「地獄」之慾望，絕不能達成其願望的，總之而言，修持無形層面的「精神」，能成道的精神能量，定要修持從先天來的、宇宙空間來的「主魂」能量，才有達成「成道」之途徑。

什麼是「真道」？就是修習無意識功法以「靈魂真氣」來突破「腦意識氣」的真內道，有別於修腦意識氣的內道，「真道」是真正可以讓靈魂回家以及成就的大道。所以說，「真道」就是我們靈魂真氣所行走的明路，是可以返源歸宗的一條明路。「真道」就是讓我們在人生的路途上有保障，不會有魔考，不會修到

變貧道，不用離家，不用出家，也不怕會逃避現實。這「真道妙法」過程在家就可以修，無須到深山去隱居，不用坐關、閉關，也不用吃素，只要自然的吃就行了，也沒有規定夫妻不能行房，這些都沒有禁忌，只有在平常做人的行為及處事上絕對要淨化自己，「修心養性」是我們修習天眼最低、最要緊的一個條件。

　　辦人間的事，要從分別想法提升到意識、心性的自然。辦上天的事，則是從意識想法提升到無心、謙卑的靈性。所以說：「辦上天（靈性）的事，不要用人間（意識）的想法。」心性的修行，從自然提升到無心的境地，以此修持天眼，第三眼的開啟，因而進入無意識的境界。祂的超凡能力絕對可以永遠和我們在一起，永遠跟隨我們一輩子。今天你有天眼透視的能力，應用在此生的使命上，可讓你的主魂生命超越無上的境界，達到返源歸宗的地方。但問題是「真道」知道的人不多，你知道要修，那就是福報，可惜是知道而不修的人一輩子都到不了。

　　未入真道和「假性修行」自然會退轉，靈性修行的退轉原因。「入道」卡在生活細節與情緒當中，一直用「道理」來解釋「真理」，對靈性能量未有開啟和體驗，或尚未外功助行發菩提心，則是尚未入真道之門。「修道」未放下過去世的習性，緣道而不自力，心性還不夠自然，覺魂模式未能轉化為主魂靈性模式，於是成了「假性修行」。「成道」若未體驗到靈性的空性，還執著在能量、境界，則未到無心。所以，感應要在一心之後，靈力才不

會退轉，擅離真道，導致最終的走火。

人道完成走天道，天道無路有大道，大道降台逢機緣，緣者成道又成佛；「道」也是道路，不同的道路，不同的方法，則到達不同「道」的境界。因為時空的更迭，適應不同的環境，形成了各種不同的宗教派別。「大道」說明了不落入宗教而是靈性學術的研究體會，是來體驗與找到自己的靈性而加以開發，而並不是一種信仰。有關靈性修行都是自己的事，因為靈修的內在開啟和成長是無法替代的，靈魂的「真道」就是無形「大道」，是我們靈魂真氣所行走的明路，是可以「返源歸宗」的一條明路。

靈性的探索，往往沒有地圖、正確的指引、嚮導，而是自己走出一條創造的路徑，當大道靈性學術的出現，就有一條通往靈性的「大道」，是靈性成長與回歸天堂的道路；靈性大道，有第三眼是通達三界的大智慧，也是進入靈性四次元（靈性境界）的唯一通道，而第四眼與第五眼的修練，則是進入五次元（佛的境界）的唯一道路，因而可以到達成道、成佛的修行最終目標。「重生」就是走上一條幾乎完全不一樣的一條人生的道路。

如何活出脫胎換骨的人生？靈性的人生？主魂的人生？彩虹的人生？那就是勇敢的踏上真正靈性修行的大道。外在沒有教條、沒有皈依、沒有上師、沒有固定的方法，只有內在靈性的開啟，每個靈魂光自己的淬練與成長，向自己靈魂的「明師」去學習，如此每個人都可以實踐生命的意義，使自己的靈魂光成長，

也發揮彩虹大道光的影響力，使他人的靈魂光也成長。

大道之光的成就

　　靈魂，在天界稱為「光」，就如神仙聖佛是以「光」來呈現。而在人體內稱為「氣」或為能量的「靈魂真氣」。靈魂光的修練就是「光的修練」。所以，是以修「大道之光」的主題來貫穿整個「大道靈學」的系列。第一篇「靈魂光的真理實相」，在其第七章「靈魂光能量與境界之提升」，其內容包含有：靈魂光的能量與位階、影響靈魂光能量的增減、體外光的境界與印真、不斷提升靈魂光的靈性成就；第二篇「靈性能量之體驗與療癒」，最後一章就是「光的修練與成就」，闡明了光的靈性新世紀、光的修練與成就、恢復靈魂光本來真面目、光的修練與成就之能量療癒；第三篇「大道靈性模式的修練」第七章「光的指引踏上真正大道而歸元道成」，其內容為：沒有意識頭腦的指引者、找到自己內在的明師、踏上真道而成道。

　　自從許衡山先生創悟了「大道靈性學術」，不是宗教，不是意識的修練，不只是以修心養性的「修善」為基礎，而更是以無意識功法的「修靈」，是大道靈性模式的體驗、研習、修練。接「光」的會所，灌注「光」（能量）的「金龍珠」，靈物隔空處理時的「光波」，都是「光波」的能量在作用、在顯化。當靈魂光的能量成熟到達一千兩百萬靈光能量度，就能展現出金黃色的光

和外加三圈七彩虹光的境界。大道降世，使未成熟的靈魂光找到了回家的大道。這「大道之光」只要你能夠調校自己的光頻，而可以感應到的人，都可以獲得其加持而安全的研習和修練。成熟的靈魂光就可以無時無刻的與上天磁場的光連結著，那這人個的精神境界就是在「真佛界」了。

　　修靈，在修心養性的基礎之上，使心性自然與靈性的「道法自然」合一，行為自在，並展現心性、意識自然；心性即是心量，心量大才能容較高能量，大公而沒有絲毫的偏私邪惡，正心角數要到達十二角以上；修真道，就是修靈魂真氣的大道靈性修練模式，使他人的靈魂光成長，並使自己靈魂光成熟。當大智慧的「第三眼」感應能力竅門開啟，進階到四次元的境界，可以在天地人三曹之間溝通，可以進行傳法、傳道、度人、救世，更甚者具第四眼和第五眼的靈力而「去做就是」，無我、無功德、無目的、無條件，「無」使能量境界到達五次元的境界，就是「佛」的境界。大道之光的成就：「啟發人體之玄機，揭開宇宙之真理，突破大自然的法則，進入超生了死的境界。」當靈魂光成熟了，超生了死是一個境界。從一個未成熟的靈魂光，經過了真道的修練而到達成熟，在這過程都受到「大道之光」的指引。「佛」是具在每一個人的靈性裡面，所謂的心即「佛」踏上真道，才能到達「佛」的境界。

十八、靈魂生命的終極意義

生命的意義與最高境界

(一)生命的意義

　　人生命的三大問題：「知幽冥、知生死、知鬼神。」這無形的精神世界是無法實證，只有自己有能力到達這個境界，具有了感應力才能夠觸及。什麼感應力呢？第三眼(天眼)的開啟就可以實證靈魂光的生命問題，生命的意義在其中；宗教往往是在世的勸善和販賣死後的世界，認為有天堂地獄而必遵從其教義，有為來世而修期盼轉世富貴位階，有死後成仙期能成佛前往極樂世界，但那是一個能量很高的地方，必須有三寶佛以上的境界，如此才是能稱得上是極樂世界。這些方向指明了人生命的意義，卻只是意識勸善而不是引導至無意識靈魂生命的真理實相。

　　生命「真理」是什麼？ 耶穌指出，不過只是一個願意承擔人類一切罪惡的偉大靈魂，在人生之中虔誠的實踐「愛」而已；佛祖的現示，願意以大慈大悲的「愛心」，對人間存有怛惻悲憫的顧念，發生一種絕對忘我犧牲的精神；然而，靈性的真理，卻不在意識、知識、語言、文字當中，沒有一個貼上真理的標籤，而卻是在靈性的感而遂通，也是道、靈性、自然、愛與慈悲的自然流露。所以生命的真理，就在體認生命的存在、自然的本質。

如果生命真理不是你自己的靈性體驗而來啟動內在「真實的愛」，那麼它就不是生命的真理了。

生命就是一個探索的過程，靈性的本質是「無」，當沒有目的，沒有設定，沒有話語和文字，才能夠有所感而創悟。命運則端賴「智慧」的選擇，智慧則來自靈性良知的選擇，是選擇大道或小徑？若能在於自己的選擇，而活出了彩虹的人生，將展現了謙卑、感恩、分享、快樂的感染力和發揮愛的影響力。因此，人的生命、命運、都掌握在自己面對問題時的智慧選擇，有智慧才能顯現真理。

(二)各宗教的最高境界

基督教：講天堂地獄，耶穌來到人間，希望能將世人的罪惡洗淨，能讓靈魂恢復到完全的聖淨，讓每一個人都能回到天堂，得到永生；回教：穆罕默德來到人間，教導世人，要能辨善惡、明是非、歸真主，才能在死後回到天國；道教：勸人要體道而行，人人自愛，與道和一，得道、成道能成仙；佛教：說人要脫離此苦海，必須要能定慧齊修，廓清無明的迷昧，及貪愛的執著，去除一切執障，體悟真性之空無與無我，才能超生了死，得道成佛；中國的儒教：認為仁與天地萬物，皆有秉於天之性，所以盡己之性，進而盡人之性，盡物之性，由親而疏，由近而遠，由內而外，由下而上，無限的擴充內在的德性，即可贊天地之化而育，

進與天合一。

　　各宗教都是要讓心靈有所依歸，經過其擇定的教義來實踐，最終要使人們的心靈到達某一個「境界」。雖然，每一個方法及道路不同，但是殊途同歸，要到達所指出心靈上的最高境界。洗淨罪惡讓靈魂恢復到聖淨，能回到天堂，得到永生；歸真主，死後回到天國；體道而行，得道成仙；去除一切的執障，體悟真性之無空無與我，才能超生了死，得道成佛；修心養性無限的在擴充內的德性，即可贊天地之化育，進而與天合一；所以，天堂、永生、天國、成仙、超生了死、成佛、天人合一，這些都是在每一個人不同的領悟境之界線，稱之為「境界」。然而，這些屬於上天、屬於靈魂光的境界，除了具第三眼能力之外，都沒有人可以完整的說明白或實證的。

(三)修靈魂光的最高境界

　　以靈性學術而言，什麼是修靈魂光的最高境界呢？那就是靈魂光能量的成長、成熟、成就。從靈性的開啟，進而以靈性模式的先天啟靈法來修練，讓能量增加超越一千兩百萬靈魂光能量度，到達靈魂光成熟的階段。若要再進一步超生了死，到達三身成就的地步，也就是三魂都達一千兩百萬能量度以上，那得要做一個有靈力的佛，歷經傳法、傳道、濟人、救世的服務。

　　靈魂光的修練，就在恢復靈魂本來的真面目，什麼是其本來

真面目呢？就是成熟靈魂光的面目。能量一千兩百萬度的靈光能量和境界，境界的展現就是金黃顏色的光，外加三道七色彩虹光；靈魂光的進化，就在調回靈魂更高次元的頻率，是什麼的頻率呢？就是不同靈光能量度和不同的境界有不同的振幅和頻率和其所展現出來的靈力，就從第三眼、第四眼不斷的進階。所以，修無形的靈魂光在修什麼呢？除了心性自然之外，就是在修靈魂能量和境界了。

靈性修行最終極目標

(一)靈魂光的修練與成長過程

大道靈性靈性學術系列之書，從第一篇「靈魂光之真理實相」其中的第六章、光的修練與靈性學術研究；第二篇「靈性能量的自然體驗與療癒」其中的第六章、靈性能量之自我療癒與全然的修練；第三篇「大道靈性修練模式與天眼透視」其中的第六章、光的指引啟發六識神通與初階靈力。整個靈魂修練「光」就是「能量」，在體外稱之為「光」，在體內稱之為靈魂真「氣」。光的修練就是在修靈性能量的「靈魂真氣」。修腦意識氣無法到達靈性，而是以靈魂真氣來突破腦意識氣，禪宗的直指人心，觸機悟道，其實已經說明了，用頭腦意識「參禪」可以修到「意識神通」，但往往是自己夾雜著外靈雜氣而不自知，因而被外靈雜氣「他神通」所取代。然而，如何才可以修到「本神通」呢？那就是現今

人類的福音「大道」靈性模式的修練，新靈性學術修練的目的在：「啟發人體的玄機，揭開宇宙的真理，突破大自然法則，進入超生了死的境界。」

「靈魂光的真理實相」，解開了人生三大問題，知幽冥、知生死、知鬼神，並且以「新的靈性學術」來取代已經消失了的「形上學」；靈魂光是一種能量，人體內稱為靈魂真氣，靈魂光的修練就是，能量的淨化、成長、成熟，亦是一個自我（能量）療癒的過程；所以說：「頭腦意識無法到達靈性，而是由大道無意識功法的體驗，來使靈性能量流動，開啟先天感應玄機的天眼能力。」

「光的修練」就是靈魂光的成長過程，從能量淨化、增加、到恢復本來真面目。淨化首先是清除體內的外靈，修心養性使意識與心性趨向於自然，靈動洗滌因果並增加能量以恢復本來真面目，金黃色外加彩虹圈是靈魂光的真面目，就能具備第三眼的靈力。而這整個過程就是修靈性能量的靈魂真氣，達到「自我療癒」而使靈性成長、主魂成熟、成道、成就。

(二)成道成佛是靈性修行最終的目標

靈性修行從初階入門開始，身心靈健康過程的能量淨化、修養心性、情緒管控、善守竅門、雜氣減少、促進氣道循環、靈性健康的恢復。進入各種課程的正面力量、改變生活態度、度人、

領導。在「放鬆」的體驗上練習降意識、放下、讓心自由、自自然然。學會活在當下,妄想是雜念、過去無情、未來無待、就是現在的片刻。度人學習,協助他人靈光的成長,自己無形中也成長了。志工服務,學習付出、學習、觀察、欣賞人我之間的互動。家庭和諧是修行的第一張成績單、自己若沒有真正靈性成長了和改變也影響不了家人。工作順利,則是少了計較、批評、指責多了人和、機會。快樂生活是修正了自己的欲望與需求減少。成為典範是有創造力和發揮影響力,學習他人的典範,也成為後進的典範。進入研修有所體驗,心性自然、為自己的靈魂負責。

　　進入靈性模式的修行,無意識功法的練習,先天啟靈法的體驗。放鬆降意識倘佯在 α 波或更深入 θ 波之間。「抱珠」做光的 Spa,啟動靈性能量的循環並加以淨化。「靜站」氣徑的暢通循環,啟動靈魂真氣玄機,有利於第三眼的開發。「靈動」淨化因果紀錄,增加能量,光面清楚,開發靈力。「心性」修養心性,使心性自然,也促使意識自然。「天眼」有靈學中的奧妙玄機,開發出八項靈物,可以揭開人生的意義,啟發大智慧之突破。

　　「真道」是來化解人類的劫難,三期末劫的收圓。並且促進靈和相處,完成天人合一之境界,以求世界大同之和平。「良知」修行的展現在心性修養、渡人慈悲、不背違良心、不違背師恩,以重建人類精神;然而,靈性修行最終的目標,就是靈魂光的成熟,一千兩百萬靈魂光能量以上。恢復本來的真面目就是成熟的

靈光，具彩虹大道光之信物，才能夠返源歸宗回到靈源地，永不受輪迴再生轉世之苦。

(三)完成傳法、傳道、渡人、救世

　　成佛代表修佛的過程其實不是「修」出來的，而是「做」出來的。當你具有能量、靈力，你就可以拔苦救劫，可以創造長久廣大的影響力。所以說，即使是神仙聖佛轉世 (包括其嫡屬的覺魂)，沒有去做傳法、傳道、渡人、救世的工作，一樣在今世都到不了佛的境界。精神「次元」也可以說是「境界」，存在於同一個空間，但是不同的境界。什麼叫做修上去？上去那裡另一個空間嗎？不是的，佛在你心中，是修到佛的境界，就是「像人的佛」，還是在人間，要上去那裡？是上去另一個精神境界(次元)；一般的宗教，也有其傳法、渡人、濟世、拔苦，若是修到意識氣，是在修頭腦的優質圖片境界，是有一些人獲得靈性成長，但還是處於意識較高的境界。由於不是啟動靈性的靈魂真氣，與意識氣修行的境界，兩者是有所不同的。

　　辦上天的事不能用人的想法去做，把人的想法從頭腦抽離，是代之以「靈性」的沒有目的，沒有條件的去做就是。把人的「執著」放著一邊，讓心自由，沒有追求完美，沒有行為不自在，而是自自然然的做了放下。我們都知道「心性」上天的標準是自不自然？而心性自然了意識也就自然了，所以，做事不在是非對

錯，以良知做了能夠放下就是「自然」，而要能夠放下就是要沒有得失心，有目標沒有目的、條件的去做。

如果面對上天的事，也就是靈性的事，幫助他人靈性成長，就要有能力去「承擔」。只要去做就是，在這過程就會有創見及成長。但要記得沒有目的、條件，沒有我執也就沒有自我的意識堅持，也就沒有完美的標準與追求，只是去做在無形中就會增強自己的權能，因為「真實的愛」是來自靈性，讓靈性能量上來突破腦意識氣，更不用人我的意識想法去做。

傳法、傳道就是上天交代的事，等待也是一個方法，達摩面壁九年就等待二祖（惠可）的到來，上天降三道光在台灣等待迎接「大道的降台」，大道降台在等待有緣人加入，「大道」等待有能力的人來報到，道在這裡等待有修行因子的善人孝子，以及願意去做，而且意識自然之人，要能夠自然的做才是自然之人，很多人無法「入道」就是卡在這裡，首先是謙卑不夠，道心不足。然後，心性還不夠自然，或是靈性能量夠了但去做就是的願力還不夠。福報將於今世人身者的腦覺能量中消耗（重意識、不自然、未能心腦定靜）。各宗教的教義說法，「祂」的宗旨勸世的主要目標。但宗教本身卻因受極重意識物質的名利影響所污染蒙蔽。

進入「靈修」之信心：要具有心性修養的條件，要有觀念認識該「道門」的深奧之真理。具有先天性修持累世因果，進入無形層面以肉眼觀察不到的靈界體會修持，要從心腦定靜中取之信

心;突破命運與肉體所受到無形中的干擾,以今世肉身暗藏的玄機,完成「祂」恢復真面目的無止境之能力。以今世的成果來結束體內,主魂能量在肉身累世的轉生之途徑,返源歸宗回到靈源地,永不受輪迴再生轉世之苦;釋迦牟尼佛「口出真言」中,感應天、地、人、三界的主魂生命之記存,所以「真道」降傳在台灣。

人身者在自造業障的因素造化下,軀身的疑難病苦之「真病」,也在於無形中被啟發出來。「外道」修持的祕法,與「內道」修持的禪定,在教義上之善意謊言造化下,使無知信徒與信仰者,創造了其迷信的思想觀念而執著該教,卻無法印證其真理實相;先天界的修持之「天道」,是修持主魂能量的先天靈體化解人身體的疑難病苦,而生成「天眼」透視的能力大智慧,能於今世完成其願望之成果,服務人群之人生在世的使命,進而接傳而下傳,促進世上人身者以「靈和相處」,處置於「世界大同」的和平之盛世也。

筆者(許衡山先生)的願命:心性修養、度人慈悲、不背違良心、不違背師恩。疑難病苦產生是百分之七十有修持的因果記載的人才,不繼續修持,是受到物質欲求極重之重意識影響,或由於修持因果牽連而帶進之修持卻體悟該道不真。重用腦覺能量意識力,躁煩、憂悶、雜念、緊張、恐懼等壓迫感之生活的惡果報應,啟發軀體肉身因果疑難真病。心性本有慈善之人們,但現

今宗教教義道理，含有使慈善信仰者進入迷信與執著觀念之誤導，引致宗教信仰者多出疑難真病的人數；心腦定靜自然之成果，進入腦意氣使然的祕法修持，才不會受到「道考」或「魔考」的危徑發生。筆者的「主魂」能量是累世疊積，是天生所具帶來的能量境界，無論是首創「靈學真理」，和「教傳天眼」能力，與「普度三曹」境地，以及化解各種真病的能力過程。

「疑難病苦」是：有形物質享受的引誘，和外來靈力生命的侵入，來埋沒先天界靈體的玄機能力的三重演變。「心性修養」與觀念認識該「道門」的深奧之真理，有此二重的相互配合之信心真誠追尋，才能達到其祕法之訣；「真理實相」，不因空變異而永遠存在的靈魂真理。性命雙修，命運與肉體，主魂生命恢復真面目，肉身於去老返童而康健長年。

靈界研究之學者和宗教修持者，都在追尋宇宙與人生之真理了解大自然循環的法則、人類「靈性」的奧秘；修道、成道、行道的考驗與磨練，是所有研究修持者所必經過的路程。第一眼「肉眼」、第二眼「陰陽眼」、第三眼「天眼」靈學界奧秘首創靈修新秘法學術，為人類社會重建精神的依歸「五眼六通」的境界能力（六通開啟順序－眼、心、意、鼻、耳、舌），「天眼」秘法學術，最重要的也是「緣」份相投之安排。大道降台與各天命感召，真道降台的因緣是可預知的三期末劫，上天的慈悲將「真道」來化解人類的劫難，三道光的由來，神仙聖佛轉世台灣來扶助道。從

七爪金龍到彌勒尊佛的降世，三劫末期的收圓。（以上部份節錄自《靈學寶鑑》）

　　為什麼靈魂光要來投胎為人呢？其實,可以說是來修練以恢復「能量」與「境界」的。因為,原來寄託在天界磁場的靈魂光其能量尚未成熟（成熟的靈光能量須到達 1200 萬靈光能量度以上,體外光顯現金黃色光外加三圈七色彩虹光。）所以,靈光投胎為人就是要使自己的靈魂光能量能夠成長、成熟、成就。然而,首先就是靈性能量的開啟,若要自己能快速成長,除了修心養性之外,捷徑卻是要先有大願力然後去做就是,先幫助自己和家人靈性成長開始、進而使他人的靈魂光成長。

　　「本靈」是主魂能量寄託在人身體內,無論哪一個轉世的人身體,祂能量為最高的謂之「本靈」。「原靈」是指主魂能量當初由那天界磁場下凡,剛要得到頭一世的人身體,也可說「原靈」是代表由那天界磁場來的主魂生命能量。然而,「原靈」的能量度是可以被「本靈」的能量度所突破,也就是說修習主魂能量可以超越原來寄託在天界磁場的能量度,而恢復靈魂本來的真面目,也就是使「本靈」的能量度到達 1200 萬靈魂能量度以上,展現的是金黃色外加三圈七彩虹光的境界。人身體會研究「天眼」妙法的過程,可啟發體內「主魂」能量所記載的轉世輪次,其記載的轉世肉身之因果,於今世在此過程中,一一清除的化解其因果所記載不自然之壽劫。使今世人身者的軀體物質生命,不受到

前世壽劫的因果所牽制,和今世外靈異力魂魄的濁氣,侵入體內之干擾,此種能化解人身者無形中的癥結,定使人身者 的人生旅程中,達到其意義。(以上部份節錄自《靈學寶鑑－天眼》)

用眼通能力去感應對方肉體的電腦所記載的資料,他修持最高那一世的光就會發射出來,這是真理實相的說法。靈魂(主魂)電腦記載發射出的體外光,其形象也是由靈魂電腦的資料所發射出來,假如佛這樣高能量的條件,所發射出的體外光就具有七彩毫光。體外光是靈光的資料記載,最重要的是個體的本靈。我們所說的「本靈」,是累世中修持的最高能量,那一世的光度是最亮的,任何一世都比不上祂的亮度,因此要有竅門神通感應才能接收得到,這是真理實相的印證。真道降台的傳真學術就是要導正人們的觀念來修心養性,去除迷信與執著,不做偏私邪惡之事,如此,可說法眼(第四眼)、佛眼(第五眼)的境界和修成正果都已近在咫尺了。要擁有大智慧的能力,一定要達到第三眼的基礎,且觀念一定要正確,不能將不正確和未曾印證的觀念隨意告知他人,如此會耽誤到他人的人生觀,那就是錯上加錯。所以要度化別人,一定要有正確的觀念,不能讓人產生迷信,不能說神通論,也不能說天說地,淨說一些無法印證的事。

生死終極意義的探索

終極真實乃是高度精神性或宗教性所以形成的原本根據(本

體實在或真理真諦），具有永恆、絕對等性質，如基督教的上帝、天國，印度教的梵我、神我，大乘佛教的一切法空、諸法實相，儒家的天命、天道，道家的常道、無名之道等是。對於終極真實的主體性體認，乃是所以保證每一單獨實存能在精神上超克死亡，或徹底解決生死問題的真正理據或根據。通過宗教（或哲學）探索，一旦發現了終極真實，則隨之就有終極目標的訂立，在基督宗教是永生天國，在印度教是輪迴的結束，而與梵我或神我合一，在佛教則是涅槃解脫，在道家是與道玄同，在儒家是仁道、天(命之)道的實現與個人的安身立命。終極目標的訂立方式雖各不同，所以定立終極目標的基本理由或意願，則頗有類似之處，總關涉著死亡的精神超克或生死問題的徹底解決。(以上節錄自傅偉勳《死亡的尊嚴與生命的尊嚴—從臨終精神醫學到現代生死學》<世界宗教與死亡超克-生死問題與宗教探索＞)

(1)宗教藉由「救贖」和「解脫」而獲得終極意義

基督教的「因信得救」：對上帝和基督的虔誠信仰使信徒能放下自我（self-surrender,又譯交付/臣服），從而得到「屬靈的生命」或「聖徒生命」（重生/得救）。佛教的「了脫生死」：佛教的種種法門都是要幫助眾生從我執和貪、瞋、癡的無明習性解脫出來，從而離苦得樂，並獲得慈悲、愛心、喜悅、包容、寬恕、智慧等光明德性，此即生命的解脫和轉化。一個解脫的人對生命和世間的一切不再有貪愛和執著，對死亡不再有恐懼和焦慮，心中

充滿慈悲和喜悅。由於不再有自我中心的執著，他體悟到自己與眾生萬物的親密連結，回歸眾生一體、同體大悲的真實本性。這是佛教修行者的生死終極意義。

生命意義的領悟：意義治療學不講前世因果，但強調了解受苦是個人無可逃避的命運，要勇敢面對，坦然接受命運所安排的一切，這樣就能從苦難中發現意義，從而「解脫痛苦」，進一步達到「自我超越」（self-transcendence），使生命脫胎換骨。這就是弗蘭克所說的「終極意義」。（參閱 Viktor Frankl, Man's Search for Ultimate Meaning）

(2)人道走完走天道

人們退休了，開始享受晚年，開始進入六十歲而耳順，七十歲隨心所欲而不逾矩。當反思生命的意義到底是什麼？就是創造宇宙繼起的生命嗎？就是功成名就嗎？就是慈悲與服務眾生嗎？這些都還停留在意識的業力系統之中，也就是現實的我和理想的我。所以，人道走完走天道，進入靈性能量和境界不斷的成長，而到達那「真實的我」。

星星本身不會發光，而是反射太陽的光。然而，靈性本身就是光，在自以為是的不自然頭腦意識之下，靈光(能量)無法成長、成熟，經由靈性模式的修練，成熟的光才能散發出光芒而發揮生命的影響力。然而，「生命的終極意義」卻屬無意識的靈魂

光，因為祂本身是尚未成熟的靈魂光，祂只期望能夠「成熟」。所以，才需要歷經人道，最終走上天道。

　　光的修練就是在「恢復靈魂光的本來真面目」，也就是成熟的靈魂光。成熟的靈魂光所展現的一千兩百萬靈光能量度，以及體外光的境界，金黃色外加三圈七色彩虹光。心性已達自性圓滿、自然。靈性已達天人合一，展現真實的愛；「天道」就是靈魂光回天界的道路，是人活著得時候可以選擇的，選擇真道的靈修，當靈性能量和境界到達佛的境界，就是走上不一樣的天道。

　　奧修在《生命的真意》(Tao – TheThreeTreasures)一書中以老子《道德經》來詮釋「道」。道可道，非常道。天下皆知美之為美，斯惡已；皆知善之為善，斯不善已。固有無相生，難易相成，長短相較，高下相傾，音聲相和，前後相隨。是以聖人處無為之事，行不言之教，萬物作而不辭，生而不有，為而不恃，功成不居。

　　夫為弗居，是以不去。可以說出來的道不是絕對的道，當天下的人都知道美是美了，就會出現醜(的認知)。當天下的人都知道好是好了，就會出現惡(的認知)。所以，有和無在成長中相互依存，難和易在完成中相互依存，長和短在對比中相互依存，高和低在位置上相互依存，調和音在聲裡相互依存，前和後在伴隨中相互依存，所以，聖人處理事情沒有行為；講道不用語言，萬物興起，但他不回避他們，他給與它們生命，但不占有它們；他

行動,但不居功,因為他不居功,所以那個功無法從他身上拿走。

「道」不可言說,是無法講清楚完整的。「道」是萬物之源,在空無之中萬有,「靈」不可言說,是以無形的體驗感應。「靈」創造生命之神,具感應的奧秘,也是宇宙自然運行的法則;欲走上天道,首先就是進入《道德經》所詮釋的「道」,展現那精神和行為的合一。然後有機緣的進入修靈魂(能量)真氣的「真道」,最終走上靈魂返源歸宗的「大道」。

(3)超生了死和返源歸宗

新靈性學術所揭示生死的終極意義,就是使靈魂光的成長、成熟、成就。靈魂光經由靈性模式的修練而成長,當靈魂光是超過一千兩百萬靈魂光能量度而成熟,也就是到達佛的境界;未成熟的靈魂光被陽光所逼離靈源地的時候,有很多成熟的靈光還續留在靈源地,祂們是較早形成的靈魂光。所以說。成熟的靈魂光就可以回到靈源地,也稱之為「返源歸宗」。「超生了死」就是超越生死,可以不再來人世間輪迴。這是一般修佛的最高認知,可以斷輪迴。以新靈性學術的認知,要斷輪迴,除了要靈魂光成熟之外,還要將所有寄託過磁場的「根」予以拔除,才不會受到其感應牽扯。所以,要超生了死,就先要到達「佛」的位階。如何到達呢?要有機緣修「真道」的靈魂真氣。(以上生死終極意義的探索部分節錄自《死亡之實相》第七章)

十九、恢復靈魂光本來真面目

　　人的一生猶如小孩到遊樂園的一天，什麼都可以排隊去玩，有人選擇專玩他喜歡的，有人不斷的去嘗試所有，有人意興懶跚的站在旁邊看。　這就如人們對選擇讀書、賺錢、旅遊、婚姻、宗教的喜愛程度和執著專注。其實生命是用來體驗的，不只是來尋求快樂的，是在遊樂園關門之後，帶著自己的體驗回家。人生不也是如此的，要自己在過程之中去體驗重於快樂的結果，只要穿透經歷了必然會給自己在靈性上成長，當生命結束之後，什麼都不能帶走，只有靈魂的能量和境界可以跟著主魂回天界的磁場，在累世之中朝靈魂光成熟的境界前進。

人為什麼會來到地球上？

　　不管天上的神，是為了什麼來到人間，祂來到人間的目的，都是為了渡化人，希望人能行善助人，虔心修行，死後靈魂能再回到天界。可是一直存在，而從沒有答案，也是最根本的問題，那就是人為什麼會來到地球上出生為人？照西方的說法，人是「上帝」依照自己的形象所造的，造成之後，「上帝」又從這個人身上，取下一跟肋骨，另造了一個女人，男的叫亞當，女的叫夏娃，他們因為受了蛇的誘惑，吃了禁果，而有了罪；而這個罪，讓他們兩個，和世世代代的子孫，都永遠承擔著，後來「上帝」

因為憐憫人，所以才派了祂的兒子下來拯救人。

以東方的說法，人也是神造的，不過有一些犯了錯的神，也會被罰下凡塵，後來上天又派神佛下凡，來渡化世人，返回天界。不論是哪種說法，對於最初人的起源，還是交代的不清楚，雖然各種傳說，都各有其不同的動機，但基本的理論都含糊不清，使得說服力太弱。在古時的人們，由於民智未開，對於神權的說法，能夠深信不疑，但在現代，對於這種說法，就很難讓人信服了。

證據由於現代的科技進步，人們意識複雜，任何理論講求證據，因此使得宗教的勸世之說，逐漸失去了影響力，許多為非作歹的人們，竟還是十分虔誠的佛教徒，或基督(天主)教徒。因此有人懷疑宗教的說法，佛教說：「放下屠刀，立地成佛。」可能嗎？為一個非作歹，十惡不赦的惡徒，只要放下屠刀，就能成佛？成佛豈不是太容易，也太不公平了嗎？有人平日虔心向佛，助人行善，終其一生還不能成佛，可是一個歹徒，只要放下屠刀，就能成佛嗎？

當然，我們了解這句話，是勸人向善，可是以現代人的看法，這句話就很不合邏輯了，還有許多向佛之修行者，在勸人渡人時，開口閉口都在話中帶上某某經典上如此記載，或這句話是某菩薩在某部經上所說的。在一般人的觀念裡，經典所記載的，就是真理，佛、菩薩所說的道理，更是絕對的，不容置疑的。可是有沒有人認真的，以科學的方法，客觀的態度，去考證這些經典

真正的本義，和其真實性？一般人只是人云亦云，甚至連佛經所記載的道理都不懂，竟也引經據典地對人高談闊論，這又怎能令人信服？

還有就是天主教的「告解」，也令人不解其源起及真正的原意，一個人只要向「神父」「告解」以後，這個人所犯的錯和罪，就消失無形了？如果真是這樣，那一個星期有七天，豈不是有六天可以做錯事？只要在第七天到教堂，向「神父」把自己六天來所犯的過錯，全部很坦白的告訴神父，自己就又可以變成一個很純潔的人了。試想，如果這種情形是合理，而且行得通的話，那世界上只有星期天的上午才是太平的時間，其餘的時間，大家都可以為所欲為了？

以獲得解禁的「一貫道」而論，該教對人的起源，在蘇鳴東先生所著的「天道概論」一書，是這樣寫的：「每一個人的靈，原本是上帝的分靈，所以不生不滅，純粹至善，無形無相，先天地生，後天地存，永遠存在。」所以，人為什麼會來到地球上？各教都有其主張，對於最初人的起源，還是交代的不清楚。而宗教都是勸人向善，神佛形成一個更高的制約力量。靈魂光的真理實相，證實靈魂是存在的，但宗教還陷在上帝的代言人，摸不著邊際而各說各話。於是人為什麼要來到這個地球上？以頭腦意識而言，出生為人各有每個人生命意義的選擇，也可以在其轉世輪迴紀錄之中，找到蛛絲馬跡。但真理實相應該是在那個無意識的

靈魂光本身,是一個未成熟的靈魂光,投胎則成為靈魂光自然成長的唯一道路了。同樣的問題,外星人為什麼要投胎其星球?同樣的答案,答案也是在其靈魂光想要成熟。

什麼是靈魂光本來真面目?

靈魂光本來的真面目,是指 "成熟靈魂光" 的樣貌,以「能量」而言,是超過 1200 萬靈魂光能量度。以光度顏色而言,是金黃色,外加三圈七彩虹光。以心性而言,已達自性圓滿、心性自然的境界。以靈性而言,已達天人合一,展現真實的愛。所以,人們當初來投胎為人的寄託磁場,都是屬未成熟靈光寄託的磁場,也就是在 400－1100(神界－聖界)萬能量度磁場的位階。古時候的人期望能夠超生了死,成仙成佛,也就是要讓自己靈魂光的能量境界能夠到達成熟。

如果,靈魂光到達這個「佛」(成熟)的境界(超過 1200 萬靈光能量度),可以不被任何磁場吸附,可以回到靈源地(返源歸宗),也可以選擇要不要再投胎為人或要來度化眾生。在這個境界裡也具有傳統 "五眼六通" 或大道靈學 "七眼八通" 的神通靈力。恢復靈魂光本來真面目,就是靈光的成熟;靈魂光歷經十多世的轉生,靈魂能量從原來寄託磁場的能量開始下降,於是在 300 萬能量度以上為人,偶有 300 萬靈光能量度以下轉生大型動物,高高低低輪迴的沉浮,但卻回不了當初的家(原靈

寄託的磁場）。欲恢復原來的能量度，或是更高境界；靈性的修習與體驗不是加法而卻是減法，欲使意識自然，不是加重意識去修，而是減少意識，簡單清靜，放鬆自然，讓靈魂的能量流動。在靈魂光的能量奧秘之中，隱藏著自癒與成長的靈力，從心性自然的修習，可以恢復靈性的本質，而展現出愛與慈悲。

人身體是靈魂光的成長和修練的載體

靈魂光都有內鍵的感應奧秘能力，當投胎為人，頭腦變成了這一世的主宰，而靈魂光能力被腦覺魂所埋沒了。古時候的人勸人要修心養性，要成為善人孝子，這個修練將會現示在來世為人的人格上，為什麼同父母生的兄弟姊妹，每個人的性格都不同，也就在於每個人的靈魂光累世修練與記憶都不同。所以，人的修練往往是從觀念和頭腦著手，靈魂光是無意識的，啟動靈性能量之後，也要經由腦意識的悟境修練，於是人與人之間的修練就成了人間的功課，倫理道德就成了生活規則，宗教神祇就成了心靈的寄託。人們以修心養性的靜心與睡眠，來養氣以增加能量，使頭腦的意識氣皈依於靈性的自然，達到意識自然的天人合一，於是靈性能量與意識自然的境界相互攀爬而上。在古時候純的意識氣修練的方法裡，最高境界是到達 650 萬度的"意識界的最高階"。

然而，純淨的意識修鍊，在以前的環境是可行的，這方法已

經不符合現代的環境,因為現代人的意識氣之中,多少夾雜著外靈雜氣,不再容易純淨了。所以,要恢復靈魂光的本來真面目,就要以靈魂的能量的「靈魂真氣」修練來著手,以心性自然來取代意識的規則與不自然,也就是以靈魂真氣來突破腦意識氣。而在其間對第三眼與靈力的啟發,不必強求,也就自然而然的隨能量境界而展現。

道的恢復靈魂光本來真面目

「道」是回溯本源,如何去回溯淨化呢?除了見素抱樸,心靈的執被純淨化,致虛極,尊道貴德,為學日益和為道日損。然而,「大道」卻是恢復靈魂光的本來真面目,如何去恢復其本能呢?回到靈性的無意識狀態,放鬆心腦定靜讓靈性能量流動,修養心性的自然,感應奧妙取代話語系統的無意識功法。所以「真道」就是靈魂的真理實相,開啟靈魂真氣的感應能力。

(1)回到靈性的無意識狀態

講「無名天地之始」,重點在於原初的場域的空無狀態。其實,場域的空無狀態並不是我們講的「有無」相對下的「空無」,毋寧說是意識還處在一個「無」的狀態,或者說它是「無意識」的狀態。值得注意的是,這裡所說的「無意識」指的是在「意識」之前,那個意識未發之前的狀態。因為在未發之前的狀態就是一

個寂靜的狀態,這個寂靜的狀態就是你的心還沒有啟動還沒有參與的狀態,而一旦你的心啟動了,名言概念就介入了。

　　名言概念介入,萬物因此而生。名言概念介入了以後,就使得原先總體的彰顯,澈底地走向「對象化」的過程。澈底地走向「對象化」的過程以後,「I－it」relation 這樣的 pattern 就出現了。

　　「我與它」這樣的一個 pattern 出現以後,澈底對象化的後果,對象物已經離開存在本身,因為這個對象物已經是話語的介入,而使得它澈底地離開它自己。心靈意識的開顯與執定,伴隨而生的利益、欲求、權力,會使人逐物而不返澈底地離開它自己的意思就是,我們的心「逐物而不返」,心「逐物而不返」就造成所謂的迷惑,造成一切的煩惱,造成種種其他相關問題。為什麼在認識的過程裡面,由話語的介入,導致澈底的對象化,而澈底的對象化會造成這些後果來?這問題就在於,當人的心靈意識從「無意識的狀態」走向一個「意識所及」的事物的時候,會伴隨而生人們的利益,人們的欲求,人們的其他種種權力,在這個過程裡面,就導致人們「逐物而不返」的狀態。

　　靈魂的本性是一個無意識的狀態,祂有自己的驅動力,所謂的第六感、心靈感應、神來一筆、智慧、天分,但並不是經由頭腦意識所啟動,也不是循著意識的回溯而可以到達道的本源－靈性;無意識是意識未發之前的狀態,在這個狀態之下,人有三分

的放鬆就有三分的靈性能量的流動，靈性能量可以突破腦意識氣，顯現的是心腦定靜。和體外光的護體。

(2)放鬆心腦定靜讓靈性能量流動

欲將意識降下來，放鬆的練習就很重要了，然而，肌肉的放鬆容易，頭腦意識的放鬆卻很困難的。如何讓心自由？讓意識自然而達到心腦定靜，這個心腦定靜是能量流動之下的狀態，與一般所謂的寧靜是不相同的。道家的方式是你要把不要的東西拿掉，真正達到一個虛而靈的狀態，而這功夫要做到，要做得澈底。不必要的執著妄動要取消掉，能夠孚著寧靜的狀態，這功夫要做得篤實。你整個心要放鬆，你的意識的活動要回溯到自身，其實回溯到自身是無意識的狀態，而是一個把意識取消掉的狀態。

大道靈性學術，要意識自然卻是從心性著手，培養一顆具柔軟的心，什麼都可以接受具空杯的心，當心自由了，就沒有任何制約，做了就可以放下的自在。心性在靈性能量不斷的提升之際，體驗到靈性的道法自然。於是，意識的境界也漸趨於自然。所以，頭腦容易會去追求一種境界，可是這自然境界，卻是從無意識的靈性能量之中成長而映現的。

(3)修養心性自然

道家思想並不是「主觀的修養」，也不是一種「境界的追求」，

也不是消極遁世，都不是。而它告訴我們怎麼樣「尊道貴德」，告訴我們怎麼樣護住內在的本性，告訴我們怎麼樣參與到宇宙造化的源頭，它給出我們一套這樣的東西。道家強調「為學日益，為道日損」，你為學日益沒有用，人文的建構越來越多，其實你的心越來越被這些東西遮蔽，存在的真摯是最重要的。

是的，許衡山先生說：「我們不是在靈修而是修心養性。」靈修往往容易陷入意識的修行，可是修養心性自然，並無法用頭腦去做。大道靈性學術所揭櫫的是欲恢復靈魂光的本來真面目，所有的自然驅動能力都存在於靈性能量之中，心性自然也是靈性能量所展現的品質。如何體會到靈性能量的流動，增加靈性能量和自然境界的體會，修養心性自然，大道就是直接修靈性能量的靈魂真氣，恢復其靈性本來的真面目。

道家的「尊道貴德」、「為道日損」，都不失為回溯本源的道路。道家認為作為一個人在這世間裡面，不可能話語不介入，不可能不思考，不可能說你沒有執著性，而是不要讓你的執著本身染污，所以去染不去執。其所強調的是如何去除話語的介入，也就是去除執著，去除意識思考這個「我」的主體。然而，大道靈性模式的修練，以無意識功法的先天啟靈直接進入，在靈性能量不斷揚升，因而融入道法自然的境界。

(4)感應奧妙之無意識功法

話語系統介入，做成一套線性思考，如果動物或原始人類，當初沒有語言文字，他們是如何溝通的呢？據說外星人，如動物般也沒有語言的溝通，但他們是以人體的「感應奧妙」取代了話語的系統；古老的靈魂，這個精神細胞（靈魂）是生成於物質細胞（太陽）之前，雖然靈魂光的能量度還不夠成熟（一千兩百萬靈光能量度）可是具備有先天的感應能力。在「靈魂光的真理實相」，包含了轉生、死亡、三魂七魄的運作，這些完全都是由主魂的感應能力進行，而不是人的頭腦所進行。所以，靈魂的感應能力是先天的，只是被頭腦這塊黑布給矇蔽了。

　　人體的玄機奧秘，感應能力的開發「第三眼」，就是修習大道靈性學術的"核心"，這是無形世界的眼睛，是進入更高次元的溝通方式，能夠通曉天地人三曹的事物，知道靈魂光的生死實相，知鬼神，知宇宙天地，知過去和未來，這是靈魂光內鍵的軟體，依靈光能量高低而有境界的不同；「第三眼」能力及其靈力的開發是每個人都先天具有的，不要再懷疑，若自己要眼見為真，就自己發現靈性的奧妙並開發能力出來。人類靈性世紀的轉化，自從大道降世就已經悄悄的開始了，只有大道才能正確的回溯本源，快速的恢復靈光本來的真面目。大道除了回到靈性的無意識狀態，放鬆心腦定靜讓靈性能量流動，修養心性的自然，感應奧妙取代話語系統之外，最重要的是如何修練無意識功法？

　　放鬆、降意識之下啟動靈性的能量流動，稱之為「先天啟靈

法」。也稱之為「無意識功法」。就是意識還處在一個「無」的狀態,只要意識的腦意識氣啟動,主魂的靈魂真氣就無法由中氣脈上到頭頂靈台,繼而循環全身。所以,意識無法到達靈性,直接修靈性能量的靈魂真氣,整個功法都在降意識狀態之下進行,包含放鬆、降意識、心性自然、抱能量珠、靜站、喝能量水、靈動。

光的修練與境界的展現

體外光的色澤可代表一個人的心理狀態,所作所為不同,就會出現不同的色光。「黑色」的體外光代表這個人的體外光都是黑氣而沒有任何的光,這種人的處事及作為是完全沒有修心養性的人之體外光,已被濁氣佈滿全身,所以其主魂靈魂光和腦覺魂光完全無法發射出來,已完全被濁氣給侵佔,這種體外光是最不好的。肉眼和天眼所看到的體外光形象完全不同,用天眼看的光較亮,用肉眼所看的光較暗。

「紅色」體外光表示這個人的腦意識都用在物質及慾望的層面,若是和他談論有關於鬼神或無形的事,他幾乎完全不相信,所以有這種紅色體外光的人,代表凡事都要經本人親眼看到,以肉眼所見、頭腦的腦意識認知得到、想得到為主,凡事都要以五官能感受能認知的事物,如此他才會相信,可說是唯物主義者,此種體外光的人較會追尋金錢、事業上的成就與物質的一切享受,就算你與他談論無形方面或宗教鬼神的事情,他也不會想追

究或探討的。這種人縱使有眼通、有感應，也是要等到適當的時機才能使其認知無形世界，因而不必強行度化。

　　接著是「白色」的體外光，擁有這種體外光的人，代表這個人的人生路途及觀念是沒有執著、沒有迷信的，做事量力而為，日出而作日入而息，平時處世也沒有什麼特別好與壞的行為，比較單純，肉體就沒有濁氣進入，所以心性與意識形態呈現的光就是白色，這種人可說是善人孝子的一種。若是觀察到一個人的體外光是「藍色」的，即可知道對方是一個修道者，也可以說是有先天能力竅門的寄託者，即有隱藏的先天修持因果，所以前世有修持因果的人，其體外光顏色會呈現藍色。以一個先天人才的角度而言，如果先天具陰陽眼或是有眼通的人，就能以眼通看到一顆藍色的珠，這代表他體內隱藏的是以藍色的光為主，體外光便呈現出藍色的光彩。

　　「紫色」體外光代表此人曾修持到羅漢的境界，但羅漢是修腦意識氣的法門而有此果位的，所以還會有意識上的執著。「淡黃色」體外光代表此人有修心養性的基礎，已進入證悟、明心見性的程度了。擁有淡黃色體外光的人，可說是靈修界的人才，代表他的修行已經漸漸進入先天的境界，也就是靈魂光能量在七百萬度以上。國內要看到淡黃色體外光的人才本來是寥寥無幾，但自從天眼學術教傳以來，現在已經越來越多一般身上有藍色或是白色體外光的人很多，有這種境界的人，所作所為都是非常自

然、無意識，做人隨和、不會偏私邪惡，才可能擁有淡黃色的體外光，這已經是達到先天界最基礎層次的境界了；擁有「黃色」體外光的人，表示他是一個先天界的人才。當你進入靈修，要印證或觀察指導者的體外光時，如果此人有黃色的光彩，那麼他的"氣"（即體外光）絕對不會讓眾生或靈修者受到傷害，而且可以保障對方，並且可以承擔對方的濁氣。

體外光顯現「金黃色」的人，其修行境界就是已經達到靈魂光能量 900 萬度到 1000 萬度之間。目前在這世上擁有這種金黃色體外光的人已有幾十人，具備如此條件的人就是已有第三眼透視能力的基礎。你今生若能修得此金黃色的體外光，等於是能夠返源歸宗和了生脫死了。可以向各位保證，修此天眼妙法是絕對能夠達到這種境界的如果於「天生」修持因果所具帶的條件，也須於「他」前世有修持「成道」正果的因果，才有可能於「今世」，呈現此「金黃色」體外之光輝，但自古至今「前世」有生成「正果」的聖賢者，只有「釋迦牟尼佛」、「觀世音菩薩」、「耶穌」等三人（如有降世人身者，定有「大智慧」的能力，與心腦定靜之條件）。

「七彩毫光」，這種體外光雖然也是金黃色的，但是在這金黃色的光芒之外，又有散發出七彩的毫光，即所謂「自然光」。若是具有此種體外光的人，就可斷定這個人是十分不得了的，表示此人能夠度人救世，也可承擔他人的因果與救治眾生的疑難。

雜症所以今天我們天眼的研究,就是希望能夠達到這種金黃色的體外光以及七彩毫光。

　　天眼妙法的過程絕對可以讓你完成今世人生生存的價值、意義與此世之使命,而且可以知道你是從何而來?又該往哪裡去?你的靈魂的故鄉在哪裡?你都能完全明瞭。但是你若要完成淡黃色、黃色、金黃色及七彩毫光的這四種體外光的過程,一定要體會天眼妙法才能夠達到如此的成果介紹上述人體的體外光,是要讓靈修界的有緣者了解,對於同修也好、指導者也好,不論你是用天眼或肉眼觀察,可經由這種「印真」即印證真假的過程,可以體會、看到人體的體外光之變化。(P.188-189)(以上部分節錄自《靈魂光的真理實相》)

　　啟發大智慧,靈魂本身有其奧妙的感應機能,寄託在人體的靈魂透過正確的開發,可以啟發出大智慧。自古以來所有修持的法門,都是以各種方法來打開這個靈魂的玄機,培養出超乎人類五官所能認知的智慧,了解生命的真正意義,達成上天賦予的使命;但是要啟發偉大的智慧,唯有讓靈魂真氣出竅,啟動感應的能力才有可能。自古以來只有佛陀釋迦牟尼佛達到五眼六通、成道證果的境界,因此佛教流傳至今還有修持的功能,其它的宗教則沒有修持的項目。釋迦牟尼佛曾透過靜坐、禪定的修法修成正果,但是後世並沒有將如何修成五眼六通、成道的過程教傳下來或記載下來,也因此 2550 多年來,佛門中沒有第二個人能像釋

迦牟尼佛一樣修成正果，原因就在於沒有正確的方法使靈魂真氣出竅，啟發出「大智慧」(以上部份節錄自《靈學真理－天眼》)

　　靈魂投胎的使命在如何能使靈光成長？人因為有覺魂，能夠思考，懂得修行，其目的也就是想了解人本身的奧秘與生命的意義，而論任何方式的修行，都以修心養性為最基本的目的，只要能確實做到修心養性，這個頭腦就沒有煩惱不會有偏私邪惡的行為，就不會消耗靈光的能量；若一個靈光得到肉體，每一世都能正確的靈性修行，那麼總有一世，能使能量增加到1200萬度，而回到最高能量的磁場，和其他的靈光重聚，且擁有自由飄飛來去的能力。這就是如佛家的說法，今生修來世，世世的修行，總有一世修成正果，不再受輪迴之苦。

　　但是由於人的意識產生了偏私邪惡的不自然行為，消耗了靈光的能量，而自古以來的各種修持密法，皆以意識來導氣，於是增強了腦覺魂的意識氣，實際對靈光能量的加值功效甚低。因此，從未有人能藉"修行"，而使「主魂」靈光的能量達到1200萬度者；而且意識修持最高的境界，也只達到先天界以下650萬度的"境界"（稱為意識界的最高階）。大道靈性學術的「先天啟靈法」，因採"無意識"靈動，因此可使「靈光」獲得快速的培養，而在今生定能達到1200萬度，具有完全自主的能力，即超可超生了死，回到靈光的"靈源場"，稱之為「返源歸宗」。(P.174)(以上部分節錄自《靈魂光的真理實相》)

若要使「主魂」生命能量，恢復其「靈光真面目」啟程的條件，最簡易的先天自然，是以雙眼合閉「定靜中」，消失其「腦覺」意識作用能力，就可很自然「啟發」主魂能量之真氣，這也是「日入而息」人生生存中，最正常生活的「自然規律」法則。因人身體的生命，由「三魂」之精神能量支持，互相配合，培養軀體的生機能力，使人身軀體表現出生命的現象，先天界主魂能量列為「精神」的能量度數，以「300萬度」以上寄託在人身體內之心窩處，而其覺魂能量列為「意識」的存在，其能量度數是由「主魂能量」所培養的，而是「祂」只有主魂能量一半的度數，然生魂能量係「覺魂」意識能力，引導「食物」培養肉體的生機，其能量度數又是覺魂能量之一半，也可說靈魂能量假是有360萬度，其覺魂能量是180萬度，而生魂能量等於90萬度。因此在人身者有「三魂」的精神能量，又在覺魂精神使然其意識能力，有「六識」能力，和七情之魄力，所以人身者體內的玄機構造，多出畜牲動物一個覺魂能量，和七情之魄力，因之在心靈動物中，以人身體是萬獸動物中之 首位。先天界的靈體生命，寄託在人身體時的精神能量，支持一世人身的歲年，又歷過好幾十世的輪迴再生，受到人身者的腦覺能量所意識處世的影響，與累世地消耗和埋沒之定理下，至今能存幾多之能量度數？

二十、萬教歸宗與世界大同

溯源各宗教「勸世」的教義與人心

各宗教方面自古以來在歷史和文化上,「宗教」是一直佔了很重要的地位。宗教的力量可以造成人身者集體的信仰,及形成「勸世」教化之作用,以世界上的大宗教佛教、道教、基督教、回教等,無論其教義如何,其主要的對象都是「調整」人身者的觀念,以求「信仰」中得到其教「主」與無形中「保佑」,來安定信仰者的平常腦覺於動勢處世之情緒,和人之常情的魄力,而使其啟發主魂於靜勢良知處事,發揮「從善去惡」勸世之宗旨。

「儒教」的教義是教人如何修心養性,但並非只是做好個人的修養而已,而是要推己及人。中庸:「天命之謂性,率性之謂道,修道之謂教。道也者,不可須臾離也,可離非道也。」可見儒教所說的仁,並非教個人的修養而已。大學:「大學之道,在明明德、在親民,在止於至善」,可見修養的最終目的,在齊家治國平天下。「佛教」的教義是「性」即是佛,生成佛須「見性」,而性又與宇宙同根,萬物一體,若能見「自性」,徹知自性之真相,則能泯除萬物我,心不染者,且來去自如。而自性原本一塵不染,絕對清理,不生不滅;而本性即為「佛性」,因此人身者若能「明心見性」,調見幻化世界的假象,自覺覺他,自然就能成佛,而這點是人人皆斯有,很平等的。

「道教」的教義是認為人性源於「道」，老子曰：「道可道，非 常道。名可名，非常名。無名天地之始，有名萬物之母。故常無欲以觀其妙，常有欲以觀其妙，常有欲以觀其微。此兩者同出而出異名，同謂之玄。玄之又玄，眾妙之門。」其中說出了「道」所生之常德，不可言說，不可形容，亦說明了人身之中的本體「性」及游性所表達之德，而這兩者，皆不可言說，亦不可形容，而同謂之玄，玄之又玄，為眾妙之門。由這其中可以看出道教認為「道」是先天地而生，而且運行不息，為宇宙萬物之根源。

「道」長存不滅，「性」亦營存不滅，而人性源於道，故道教主張「人」要修道以合「天道」。所以「道教」的「物我兩忘」之境界，和「佛教」的「明心見性」頓悟成佛，以及「儒教」的「盡心知性」是相同一致的精神。

「基督教」的教義是指「上帝」代表了愛、憐憫與公正，而說上帝不但是「神」也是「道」，更也是宇宙萬物創造者的「主宰」。耶穌說：「我就是道路、真理、生命，跟從我的，不致滅亡，反得永生。」在舊約：「太初有道，道與上帝同在，道就是上帝，上帝就是道。」而這個「道」是普通的存在人與萬物之中的。以舊約的說法，萬物都是上帝所造，上帝又依「祂」自己的形象造了「人」，並且賜給了「人」不滅的「主魂」生命，所以人性是善的而這一點的說法，和儒家的「天命之謂性」甚為相似。

「回教」的教義是指宇宙間只有一位獨一無二的真主「阿

拉」，而阿拉主宰著宇宙萬物，且為宇宙萬物之本體，而「祂」是至善的、公義的、慈悲的憐憫的。祂創造了人，並賦於人理性，使人能認識主，明是非、辨善惡，所以「回教」主張人性本善，而性就是主魂生命，主魂生命才是人的本體，祂是無形、無體、無聲、無味、無始、無終、永不死滅的，而人的主魂生命（靈魂）是真主所賜，所以盡人合天，歸於「真主」。

概略的討論儒、道、佛、回、耶的「教義」理論是可以看出其中所說的「天」就是神，是宇宙的主宰，亦是「道」。如使自己能合於神的要求，即能使自己「本性」顯現，而一個平凡人身者能達到其「教義」的境界，就是聖人了，而聖人就可以成神。其「宗旨」的目標，都是希望人人都能發掘自己「真、善、美」的本性來待人處事，並推己及人，使世界變成「和平」的樂土。所以在各宗教「勸世」的教義，所能勸化發揮的對象，也就是此種的人身者。另一種人身者被「外靈」生命侵入體內，來埋沒本性「良知」，而使其心性走向偏私邪惡、酒色財氣等違背良知的作為，在各宗教的勸世教義，對此種人身者就無有發揮之能力。

總言而論，各宗教的教義說法之傳教，在今世的時代渡化已漸生成「世道」衰微之時運，其原因是各宗教的教義之道理，都是無法去印證的說辭理論，及有說「神鬼論」的天堂與地獄，和進入其教信仰就能得救，成佛善意謊言之說。一貫道的教義也不例外。信仰各宗教的人身者，對該教的說法道理，會使「信仰」

者密信與「執著」的觀念，其源由人身者於「靜勢」啟發「主魂」良知之真氣，在體內玄機「感應」而已，所以人身體體內有奧妙玄機之暗藏，在其「雙眼」合閉的狀況就是「禪」，如靜心：求神拜佛，誦經、祈禱、念咒等心腦定靜「暫時性」的過程，都可啟發「信仰」者的心，意竅門感應能力，或體內外靈濁氣所啟發的外心通、外意通的「神通」能力。因此各宗教的教義「勸世」的道理，無論具儒教、佛教、道教、回教、耶教的教主或上帝、真主、主宰、孔子、釋尊等各聖賢人者，是給下輩人身者一種歷史性「敬仰」之人物，而不是聽「祂們」的教義或信仰其「偶像」，就能消除業障、保佑平安、頓悟成佛、或得永生之效率，最重要還是「信仰」者接受「教義」之引導，是否在心性的修養有「改善」其思想行為。如果是在「暫時性」的定靜過程，發出奧妙的感應能力而迷信執著該「教門」教主之顯化力量，是有點在極小範圍「智慧」之觀念。（以上部份節錄自許衡山《靈學寶鑑》）

各宗教的「上帝」其實都同一個位格屬性

上帝（無極至尊、阿拉）是宇宙第一顆靈魂光，是宇宙生成的見證者，以慈悲為懷，引導未成熟的靈魂光能夠經由人生的修練而成熟並返源歸宗。其具最高能量，無數世的投胎之後，其生魂與覺魂都可以成為另一個新的主魂靈光，於是從上帝以降，相同主魂複製的同一個上帝位格屬性在諸多的新靈光之上，只是能

量度的不同。整個佛族也是從無極至尊（上帝）轉生七爪金龍以降，新主魂也複製其主魂（本靈），如同釋迦牟尼佛的三身成就成了一個佛族，也各以其主魂的複製而能量度的不同而已。這個在釋迦牟尼佛的轉世記錄之中就可以瞭解到，說是阿彌陀佛（本尊）轉生，也可能是派其「覺魂」下來，但其主魂是複製阿彌陀佛的，也只是能量度的不同。而其他的上帝家族（耶穌、穆罕默德）在某個時間點分出，因不同時間、地域與人民的屬性而產生了不同的宗教與神。或許諸神本同源，都是從唯一的「上帝」而來。

神佛是一個統稱，神仙聖佛是其靈光寄託在天界磁場，祂無法住在寺廟之中，只能降一道「光」在這個地方，而且要有能力的人去天界磁場邀請其降光。所以，神佛要來人間降道、助道，也只能夠投胎當人。但是，在寺廟當中的神又來自何方？為什麼也有法力？以天界磁場的能量度位階而言，神界是四百萬靈魂光能量度。所以，民間很多的神是人將某些「楷模」神格化，而有些是以磁場主人稱號來供奉，若發現自其天界磁場有一道光連接著，這代表有其精神所在，但祂（神）要做事還是得投胎當人。

有些靈異法力是來自高能量的善靈，這「靈」是後天魂（覺魂）所形成的，若非先天魂是無法上到天界磁場的。後天魂的高能量可達三百萬度以上，若是具有四百萬度的「神格」（只是比照先天魂的四百萬度的位階為神界），要讀人的腦覺魂與其記

錄,約一百五十萬能量度覺魂磁場,是一件很容易的事。也有他的預知能力,以及創造使人具特異功能的能力,讓人們覺得很「神」。但終究要與先天靈魂光本身的靈力,在境界之上就有很大的差距然而,只要侵入人體寄託,殘害人的命運都屬「惡靈」,真的是善與惡、神與魔只是一線之隔。

學者黃振輝在《宇宙神祕學》The Mystery of the Universe 一書中認為。宇宙上帝,各宗教都有屬於他自己的上帝,雖名字各異,其實都同一個位格屬性;宇宙最大的本事就是無中生有,形上學是宇宙的核心,生命最重要的泉源。形上學讓人碰觸到存在與宇宙的第一因,自古研究和發揚它有三巨頭。一是「中國」,其中《老子》的道,與《易經》的神是其巨擘。二是「埃及」,其「太陽城神學」架構了全世界神話與神學的世界。三是「希臘」,其哲學、神學、形上學的發揚更帶出救贖的宗教。希臘以形上學思想最拿手,其中一部分的形上架構來自中國的《易經》,也出自埃及的「諸神思想」與理念。

萬法歸道、道歸於一

萬教同源指佛、道、儒、基、回五教,其教義萬法歸宗,萬教歸一,這是必然的規律。不管是哪一教門修煉都是為了脫生死、脫離六道輪迴,返樸歸真。超凡了道。五教皆通宇宙之道也。萬法歸宗者,萬法歸道也,宗者道也,一也。天下一致而百慮,

殊途而同歸，即天道也。宇宙大道，乃先天無極混元所生，宇宙之主宰，稱之曰道。道者，人之本性。萬法歸宗，不離一心，萬教同源，道之本源。萬法歸宗，指萬事萬物盡管形式上變化多端，其本質或目的不變，最終都歸於「道」。

五教之主，皆是宇宙大道之化身，由宇宙中神秘的五行演化而來，教眾遍布世界各地，盡為應劫而來。萬法本由心生，心由性中分，心性即空，萬法也空，如此空空然然，即是如如是是之本來面目。大道無私，百川歸海，萬教朝宗。天下為公，世界大同。在此末法時期，人心淪落，宗教沒落，上天降道救劫，救的是人心，因為人心已經被外來靈體所鎖控，因而有些人失去人性和靈性。所以如何恢復靈魂光的本來真面目，與負能量的長期抗戰就是靈性學術的重大課題；所有的宗教都是以勸善為宗旨，本來也自稱是神靈的代言人。有的宗教直指人心，可是人們卻找不到內在的神靈。然而，現代的科技「流行」已經取代了「宗教」。「大道靈性學術」將統合所有宗教的教義，並且注入真道，使道歸於一。

靈性學術世界大同之境界

(一)促進「靈和相處」，完成「天人合一」「世界大同」之境界

各門各派的學者專家們，莫不在探求隱藏在我們體內的「奧

妙」玄機,到目前為止,還沒有人能解開這個「謎」以「神鬼論」來渡人救世;立意固善,但境界不高祕法神通者,仍無人了解其本身的先天「玄機」,更無法達到「天人合一」的境界? 因而筆者(許衡山先生)在啟發「天眼」時,必須承擔學者之「靈」所歷經轉世的因果。化除今世「外靈」體內之寄託促進「靈和相處」,完成「天人合一」之境界,以求「世界大同」之和平。自古至今,不論中外,皆不斷流傳著許多玄妙的靈異事件,一般人無法了解其究竟,於是有人迷信,有人半信半疑,但也有許多人根本不信,而筆者有能力印證靈異事件的真偽,而解開靈異事件長久以來在一般人心中所形成的「謎」。各門各派的學者專家們,莫不在探求隱藏在我們體內的「奧妙」玄機,到目前為止,還沒有人能解開這個「謎」。

目前靈修界的同道,諸如各宗教修、西藏密宗、印度瑜珈、崑崙仙宗等,及各門各派的學者專家們,莫不在探求隱藏在我們體內的「奧妙」玄機。迄至目前,談論「修持」之各種學術,都大同小異,而莫測高深,之所以會如此,是因為到目前為止,還沒有人能解開這個「謎」。所以我們生為人,來到這個繽紛的世間,忙碌又無知地走完一生,即使有人修得「感應」,卻連「妙法」的意義都不了解,更不用說想悟覺「人生的意義」,與追尋「宇宙的真理」。

古時各門宗教的教主及靈修密法的創始人,所發起的宗旨和

其意義,係他們本身自行研究、體會,而領悟出靈界無形先天玄機之奧妙,並經過大膽的假設、小心的求證之下,成就其特殊的密法學術。筆者「靈學」研究學術,也是在這種情形下,所『悟創』出來的,雖然筆者曾拜師學道,但師尊教導,僅限於「修心養性」的悟覺,而並沒有教傳學生如何修持,或「無形」神通感應祕法學術。古今中外的各種學術或發明,並不一定要有師承教傳才能有所成就,例如醫學界的研究發明,都是學者本身對某種「病症」細心觀察、求證,所研究、發明的。而研究的學者,並不一定要得到這種病症,才會去研究發明,靈界的學術也不例外。雖然筆者入門修持古傳的祕法,而今能突破歷史上的靈學之記載定論,唯我獨尊啟發「天眼」的祕法學術,就是一般學者所不能解的「謎」。

　　以「神鬼論」來渡人救世;立意固善,但境界不高現在國內靈修界的專家學者,大部份只要有了「神通」或「感應」能力,就可說已沾沾自喜,而以「神鬼論」來渡人救世;立意固善,但境界不高,無法得到世界上所公認與權威地位,使得靈學界的奧妙能力,在國內也無法發揮其功效,甚至於得不到公開的承認。尤其無論是古法之流傳,或現今之中外新祕法學術,仍是毫無任何改變或進展,使之能符合現代人們的需求? 祕法神通者,仍無人了解其本身的先天「玄機」,更無法達到「天人合一」的境界?因此,祕法雖多,成就「神通」者也日益增多,致使人們依

舊迷茫地執著於物質觀念，而使一生陷入意識的苦海無法自拔。

　　筆者所啟發研究的天眼，就是雙眉間的位置（玄關）第三眼（並非雙眼直視或瞇著眼向眼皮看的「陰陽眼」），在玄關處有一小型電視般的光幕，此光幕能隨心所欲顯現「目標」的「解答」景像，其能力無遠弗屆，無所不能，可突破古今中外的「神通」感應能力範圍。今時筆者公開此「台灣名產」的學術，可說是人類的一大創舉。「神、鬼」皆是靈，我們人本身的精神（靈光）也是靈，所有的靈都各具高低不等的能量，而人體內的靈，比沒有肉體之靈要單純的多，若外靈進入人體，其力（能）量大者，能控制人身的動作或思想（如乩童，通靈人、精神錯亂者），或使人遭到意外傷害甚至死亡。而進入人體的外靈，即使其力(能)量低者，也能使人身發生病痛，或使人意志消沉，精神埋沒，即使情況較好的，得（祂神）之助而來的「神通」能力，到後來也免不了遭受「魔考」而身受其害，試問像這樣的情形，有誰承受得了？

　　因而筆者在啟發「天眼」時，必須承擔學者之。「靈」所歷經轉世的因果。化除今世「外靈」體內之寄託。從一個人們或學者，無論他們的先天竅門是「心通」、「意通」甚至於「陰陽眼」或「耳通」，都可把他們調整為「天眼」隨心所欲的透視能力。筆者發掘靈學祕法研究學術之過程，是現今人們與下輩子弟之一大福音，可公諸於世，真傳流傳於後世，促進「靈和相處」，完

成「天人合一」之境界，以求世界大同之和平。

(二)重建人類靈光生命精神與和平盛世

　　無形層面所使然的病症，是醫學界束手無策無法妙法 回春的。以前修持為神、仙、聖、佛或成道之人者，都是以「主魂能量」，借當時的人身軀體修持「主魂」生命精神而成之。人們的個性異變與疑難病苦，跟外來靈力之魂魄脫不了關係。「天眼」研究是「自然」的，不說前世的因（善根與業障之深），更不論後世的果（天眼能力之修持，可於今世返源歸宗）以「天眼」能力，解除人們偏向物質慾望所意識帶來的苦悶，為人類重建精神之依歸，來完成世界各國人類以「和平」盛世也。

　　自古至今，不論中外，皆不斷流傳著許多玄機的靈異事件，於是有人迷信，有人半信半疑，但是有許多人不信，只因現今是科技猛進的時代，人們追尋物質之慾望，而不知無形層面「靈」的存在，及外來「靈異」力量使然控制，以致人生之旅程遭到嚴重的干擾。無形層面所使然的病症，是醫學界束手無策無法妙法回春的。如今時代的人們為了欲求物質享受，產生人們的憂悶與煩惱，而啟發無形中之靈異力量來使然其思想與觀念異變，和疑難病苦叢生而出，因此於今時代最有權威與地位的「醫學界」去安排治療，但在此種無形層面所使然的病症，是「醫學界」束手無策無法妙法回春的。以前修持為神、仙、聖、佛或成道之人者，

都是以「主魂能量」，借當時的人身軀體修持「主魂」生命精神而成之。

靈學妙法－天眼過程學問中，以「神」或「鬼」皆是「無形層面」靈光生命精神，以前修持為神、仙、聖、佛或成道之人者，都是以「主魂能量」(靈魂、宇宙靈、先天靈)，借當時的人身軀體修持「主魂」生命精神而成之。「鬼」魂祂也有生命精神，祂來源自人們的「覺魂能量」與「生魂能量」，一個人身軀體的物質生命，遭到意外死亡或突然死亡時，他的「覺、生」兩魂魄絕無法去尋找能量較低之界天磁場(地府)寄託，而留在人間與人們旁到處流浪的靈異力量。人們的個性異變與疑難病苦，跟外來靈力之魂魄脫不了關係。因此人們肉眼能力所無法觀察的見之覺魂(野鬼)與生魂(孤魂)的存在，才會被「祂們」侵入體內與其主魂同居於「磁場」(心窩)處寄託，筆者著書靈學理論是經過印證確有其事，為人服務人群或強壯軀體，必由「醫學界」能共研究認識，及人們的事業順利，家中平安，父母安康之途徑。

「天眼」研究是「自然」的，不說前世的因，更不論後世的果。研究「天眼」透視能力係很自然的過程，不論各種或任何宗教分別與規律禁忌。天眼能力研究系統過程的學術，與其他的意識學術之目標相同，只不過其差別是：(1)「精神」與「物質」、(2)「無止境之大智慧」、「有範圍之智慧」、(3)「無形層面」、「有形層面」、「人」身軀體內本就有潛在的特殊感應能力，而且人身

的靈性,原具有創生的妙能,只因累世所積的因果和今世意識作為,將「祂」蒙蔽了,所以自古以來的聖賢、哲人、宗教修、靈修者,莫不窮其畢生的心力,期望能追尋出人體內之「玄機」。

但自古以來不論中外,甚少有人能藉其修持而啟發人體內之玄機,進而了解人身的意義,澈悟宇宙之真理。尤其今世人們所處世的環境極為複雜,人們本身的意識極重,若想以流傳的古法或外國進口的秘法修持追真,根本不可能達到其目的。但一般的靈學界的研究學者,只因守著古代流傳的秘法,閉門古修或出家離家,而不知因應時代潮流而改進之,使得「無形層面」的玄機奧妙,無法予與人以強而有力,令人信服之學理,以致使「靈學界」之學理地位沒落,更甚者,因不正確的研究修持而傷害精神與肉體。

筆者所悟創的「天眼」啟發之過程,與無形層面的玄機奧妙的理論,可說於各方面的書籍中及世界各國對靈學界研究的理論與其奧秘修持過程,都無有此「靈學」之學問。如果一為筆者於「書」供世,不能有欺騙人們的思想與觀念;和有害於「研究」修持者的心身肉體;更不能抄描別人所著作的理論,為「他」所首創的妙法理論與過程。若是有這樣的「筆者」違背良知之做法,「祂」所著作不實而來欺騙社會人士,或人身肉體遭到損害和疑難病苦發生,一本「書」所著作理論「證據」,可將「祂」一生之名利或地位埋沒,而遭到遺臭萬年來定數。以「天眼」能力,

解除人們偏向物質慾望所意識帶來的苦悶,為人類重建精神之依歸,來完成世界各國人類以「和平」盛世也。

因此,筆者所悟創「靈學」之理論,與啟發「天眼」透視能力的過程,經過已達十二年的臨床印證中,確實認識其個人身軀體內有暗藏「第三眼」天眼的玄機,此種於無形層面或有形層面都有「透視」認知的能力,可為我國能爭取對各國的研究者來共參此學術,及國內機緣者之福音,以「天眼」無限止境之透視能力,解除人們偏向物質慾望所意識帶來的苦悶,為人類重建精神之依歸,從善去惡,促進世界各國為「靈學」發揮此地位,來完成世界各國人類以「和平」盛世也。

「世界大同」主要指人類對國際社會的一種理想理念,按古代說法即認為《禮記・禮運》篇的「大同」之說是受墨家或道家的影響;春秋前期,諸侯之間戰爭不斷,小國消亡,大國統一了局部地區;春秋中期,大多數諸侯厭戰休整,少數諸侯間仍然常爆發霸權之爭;春秋後期,牛耕普及鐵具廣用,私田開發井田瓦解,經濟迅速發展;在此背景下,孔子提出大同理念理想大道,順達前行,天下為公,人人平等,誠信和睦,選賢舉能,四海之內,皆為親朋,幼少茁壯成長,青中效力社會,老人樂享天年,鰥夫、寡婦、孤兒、獨老、病殘之人,皆得善養,路不拾遺夜不閉戶,乃理想之全球大同也大同思想和成聖的最高人格相適應,儒家的最高社會理想是世界大同。這個大同世界不是純理念化

的，而是具體化了的。

儒家的重要經典《禮記》中的《禮運》篇描述大同世界的社會景象說：「大道之行也，天下為公。選賢與能，講信修睦，故人不獨親其親，不獨子其子，使老有所終，壯有所用，幼有所長，矜寡孤獨廢疾者，皆有所養。男有分，女有歸。貨惡其棄於地也，不必藏於己；力惡其不出於身也，不必為己。是故謀閉而不興，盜竊亂賊而不作，故外戶而不閉，是謂「大同」。

大道屬於全人類的

大道是屬於全人類的，三道光是在許衡山先生出生之前就已經出現了，冥冥之中大道降世已經悄悄的在進行了；陳玉霞女士是以修心養性來教導學生，而神通能力是依人之純淨的修練，以及個人因緣而成的，不是教出來的；顯然她的人生任務之一就是「大道」的降召，在其正式收許衡山為徒的功成圓滿之後，於一九七八年就圓寂西歸了。所以這三道光之由來與大道會降召台灣，這與陳玉霞女士具有的天命息息相關。

「大道」降召，就是召來「大道」－靈學真理，地脈與上天三條光的感應，是冥冥中的安排，上天以三身成就的三道天光迎接「大道」的降世。而在許衡山拜師之後，宣布了「大道降召成功」，可知陳玉霞女士的上天位階是很高的，堪稱「上天老師」而由其口出金言「大道」之名。「靈學真理」是許衡山先生所創

悟的,是以靈魂光的真理實相解開人生三大問題,是以先天啟靈法的靈魂真氣修習來突破意識氣,是以靈力來服務眾生,使靈魂光能夠成長、成熟、成就而走上超生了死的「大道」。

許衡山先生在《靈學真理－天眼》一書中「吾師念記詩文」敘述如下:「吾師 陳玉霞女士 終身禮佛應天命而行發揚佛性,大顯玄機妙理普渡眾生,接傳『大道』降台,上天無極老母下鑾駕其身,下傳真理渡善人,顯化真道下真傳。如今先師已仙去,天人永隔,傷我心者莫過於此耶! 果位尊號『上天老師』。今作者能悟覺「天眼」研究學術,亦是吾師冥冥之間功德無量的安排。」

創悟大道靈學的許衡山先生 1942 年出生於台南,31 歲(1973) 進入學習到 34 歲(1976)跪拜陳玉霞為師,受其真理開示,接受其師教導心性修養。40 歲(1982)從「真夢」以及無意識的自然睡眠之中領悟靈魂真氣,創悟「靈魂真理」。真道妙法的修習體悟中即可啟發「天眼」能力之實證。40-46 歲(1988)六年間「天眼」研究成形。40-51 歲(1993)。十二年整的研究與教傳之期間。40-57 歲來完結一生中「十八年」的任命之責任。西元 2000 年 1 月 1 日辭世,享年一甲子。釋迦牟尼佛圓寂時,「金言」說出祂下世來生時,應時於「真道」(大道)隨之降世的妙法過程。可以了解其一脈相傳的主魂(釋迦牟尼佛)、覺魂(阿彌陀佛)、生魂(藥師佛)的一炁(氣)化三尊,以及其降(覺魂、生魂)的轉生發展。然而,三尊等的主魂記錄複製都是一樣的,只是能量

度的不同，均可以稱說是「釋迦牟尼佛」的轉世。

「大道」是屬於全人類的，是靈魂光成就的大道。靈魂光的創生，形成所有的靈性都是一樣的，不管分屬不同能量度的天界磁場，不管轉生的不同人種或地域，不管不同的宗教或諸神靈，而這些都是人類意識的分別。其實，靈魂光本來的真面目都是一樣的那個無意識之「世界大同」和「真實的愛」。而什麼是「真」面目呢？就是成熟的靈魂光的境界，只有「真道」才能使人類的靈魂光到達另一個層次（次元）的境界。

「大道降世」可以說是從1942年許衡山出生起始，一千年後到達2941年，「大道靈性學術」將成為普世價值，屆時釋迦牟尼佛將再轉生。靈魂光可以進入四次元的境界，四次元是宗教不易帶領人類到達的，而是靈性的四次元感應能力，帶領了人類走出一條靈性成長的大道來。釋迦牟尼佛是佛教的創始者，而與其他的宗教是人的頭腦所造成的不同地域的信仰，似乎可以溯源都是從唯一「上帝」轉生來的同宗源。所以，大道靈學是以開發靈性感應能力來傳法傳道，而無法以知識來傳達，宗教是通向靈魂王國的途徑。

以靈學而論，各門各派的學者專家們，莫不在探求隱藏在我們體內的「奧妙」玄機，到目前為止，還沒有人能解開這個「謎」。以「神鬼論」來渡人救世；立意固善，但境界不高；祕法神通者，仍無人了解其本身的先 天「玄機」，更無法達到「天人合一」的

境界？ 所以，靈性的修練，在修養心性而到達自性的圓滿之前，首先要使身體恢復先天自然體，才有辦法開啟靈性能量及能力，而開發出自身感應的玄機奧祕，因為具有「天眼」，必須承擔學者之「靈」所歷經轉世的因果，化除今世「外靈」體內之寄託。除自身必須竟除外來靈力的干擾，更重要的是能夠具有促進「靈和相處」的能力，接下來才能完成「天人合一」之境界，更甚者以求「世界大同」之和平。（此段節錄自 許衡山《靈學真理-天眼》自序）

參考書目

- 許衡山 (1988) 靈學真理－天眼　　嘉義：協同
- 許衡山 (1993) 靈學妙法－天眼　　嘉義：協同
- 許衡山 (1994) 靈學寶鑑－天眼　　嘉義：協同
- 許衡山 (1996) 探討天眼妙法　（演講譯文）
  衡山靈學機構（2011）靈學寶典　　台中：雙英文化
- 劉坤炳（2016）靈性的覺醒：透視生命真相的智慧之書
  台中：衡山
- 劉江坤 (2020) 能量療癒－靈性能量之體驗與療癒
  美商 EHGBooks 微出版
- 劉江坤 (2020) 死亡之實相－靈魂超生探究之新生死學
  美商 EHGBooks 微出版
- 潘定凱 譯 (2008) 靈性科學入門　史丹勒博士 Dr. Steiner 著
  台北：琉璃光
- 洪蘭譯(2009) 真實的快樂 Authentic Happiness
  馬汀・塞利格曼 著　Martin E. P. Seligman　台北：遠流出版
- 吳國盛(2006) 自然的觀念　柯林武德 (Collingwood, R.G.)
  原著　　北京：北京大學出版社
- 鄭振煌譯(1996)西藏生死書 The Tibetan Book of Living and Dying 索甲仁波切 Sogyal Rinpoche 著　　台北：張老師
- 龔卓軍(2000)靈性復興 The Marriage of Senseand Soul
  肯恩・威爾伯 Ken Wilber　　台北：張老師
- 正見網(2007) 正見－輪迴研究　　台北：益群
- 商戈令譯(1994)　死亡的意義 (The Meanings of Death)
  約翰・鮑克 (Kohn Bowker)　　台北：正中
- 謙達那 譯 (1991) 道之門（I am the gate）奧修 OSHO 著
  台北：武陵
- 洪寬可（2001）　老子常清淨經　　台北：原古心靈

- 葉雷恩 譯 (2011)　天堂與地獄　Heavenand Hell
  伊曼紐・史威登堡　Emanuel Swedenborg　　台中：白象
- 傅偉勳 (1993) 死亡的尊嚴與生命的尊嚴——
  從臨終精神醫學到現代生死學　　台北：正中
- 林安梧（2011）〈道家經典的現代詮釋與身心靈的治療〉
  T&D 飛迅的 129 期
- 朱伯崑〈道家的思維方式與中國形上學傳統〉，刊登於道家文化研究，第二輯

作者簡介

劉江坤，生於 1951 年台灣高雄，學歷碩士。

生平熱衷於佛學、道學的研究，2004 年始加入靈學的探討，成為「衡山天眼靈力研究會」研究學員之一，歷經十多年體驗靈魂光能量的修練和生命的大解密，現將一些研修心得依許衡山著作為主軸編寫成書分享給有緣人，及有關靈性生命的學術研究。

大道靈性學術系列　The Great Tao of Spiritual Science Series

（一）　靈魂光之真理實相　　（靈學篇）
　　　　The Truth of Spiritual Light
（二）　能量療癒－靈性能量之體驗與療癒　　（靈能篇）
　　　　The Energy Healing － The Spiritual Energy Experienced and Healing
（三）　大道－靈性模式的修練　　（靈修篇）
　　　　The Great Tao－How to Practice with Spiritual Model
（四）　天眼－第三眼進入更高人類精神次元　　（靈力篇）
　　　　The Third Eye－Enter Higher Spiritual Dimensions
（五）　死亡之實相－靈魂超生探究之新生死學　　（生死篇）
　　　　The Reality of Death－The New Studies of Life & Death and Research of Eternal Spiritual Life
（六）　心性自然－靈性之修練與心性評量　　（養性篇）
　　　　The Nature Spirituality "Hsin Hsing" －
　　　　Practice and Evaluation on Spirituality
（七）　大道靈學—探討與研究之機緣　　（體驗篇）
　　　　The Opportunity- to Enter The Great Tao Discovery and Research

（八）彌勒尊佛─彌勒下生與真道降世　　（降道篇）
The Great Maitreya Buddha-The Maitreya Incarnates to Reveal the True Tao

（九）人體之玄機奧秘─探索內鍵感應神通之大智慧（玄機篇）
The Profound Mysteries of the Human Body - Exploring the Great Wisdom of Inherent Sensitivity and Supernatural Powers

（十）謙卑踏上靈性的道路─人生是靈魂修練的道場（處世篇）
Humbling Oneself on the Spiritual Path - Life is a Training Ground for the Soul

（十一）　神靈通與靈學真理　　（靈通篇）
Psychics and the Truth of Spirituality- Psychics Volume

（十二）　道脈真傳與多神之島─華夏的創道與真道之脈傳（道脈篇）
The Biography of Tao Ancestry and the Island of Many Gods—The Creation of Tao and True Tao Lineage in ancient Chinese

生命奧秘全書 010

謙卑踏上靈性的道路──
人生是靈魂修煉的道場（處世篇）

Humbling Oneself on the Spiritual Path -
Life is a Training Ground for the Soul (Practical Volume)

作　　者／劉江坤（Richard Liu）
出版者／美商 EHGBooks 微出版公司
發行者／美商漢世紀數位文化公司
臺灣學人出版網：http://www.TaiwanFellowship.org
印　　刷／漢世紀古騰堡®數位出版 POD 雲端科技
出版日期／2024 年 12 月
總經銷／Amazon.com（亞馬遜 Kindle 電子書同步出版）
臺灣銷售網／三民網路書店：http://www.sanmin.com.tw
　　　　　　三民書局復北店
　　　　　　地址/104 臺北市復興北路 386 號
　　　　　　電話/02-2500-6600
　　　　　　三民書局重南店
　　　　　　地址/100 臺北市重慶南路一段 61 號
　　　　　　電話/02-2361-7511
　　全省金石網路書店：http://www.kingstone.com.tw
中國總代理／廈門外圖集團有限公司
地　　址／廈門市思明區湖濱南路 809 號國際文化大廈裙樓 5 樓
臺灣書店購書專線／0592-5061658、6028707
定　　價／新臺幣 900 元（美金 30 元／人民幣 200 元）

2024 年版權美國登記，未經授權不許翻印全文或部分及翻譯為其他語言或文字
2024 © United States, Permission required for reproduction, or translation in whole or part.

Milton Keynes UK
Ingram Content Group UK Ltd.
UKHW030901011224
451693UK00001B/202